Couverture inférieure manquante

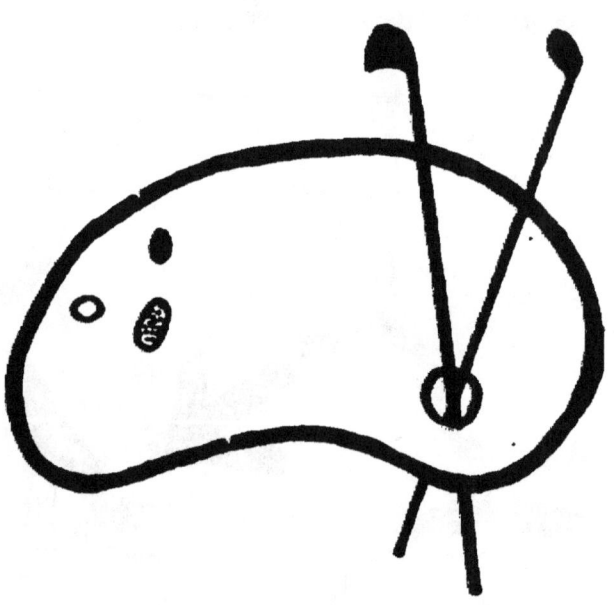

DÉBUT D'UNE SÉRIE DE DOCUMENTS
EN COULEUR

François MUGNIER

COMPTES DE CHATELAINS

EN SAVOIE

aux XIVᵉ et XVᵉ siècles

CHATEAUX, FRANCHISES, IMPOTS ET PEINES

COMPTES DE LA BALME DE SILLINGY,
1370 ET 1488
— DE SEYSSEL, 1408
— DE SAINT-GENIS, 1421
— DE CHAUMONT, 1458

PARIS
H. CHAMPION, 9, QUAI VOLTAIRE.

1891.

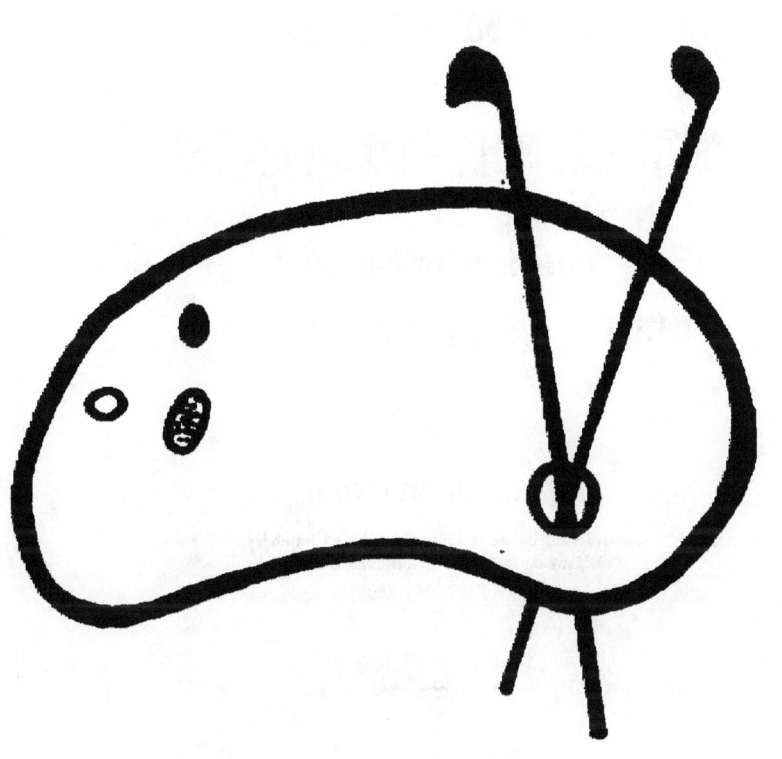

FIN D'UNE SERIE DE DOCUMENTS
EN COULEUR

COMPTES
DE LA
CHATELLENIE DE LA BALME EN GENEVOIS
ET
EXTRAITS DE COMPTES DES
CHATELLENIES DE ST-GENIS, SEYSSEL ET CHAUMONT

PAR

FRANÇOIS MUGNIER

Conseiller-doyen de la Cour d'appel de Chambéry,
Président de la Société savoisienne d'histoire
et d'archéologie, etc.

CHAMBÉRY
IMPRIMERIE MÉNARD, RUE JUIVERIE, HÔTEL D'ALLINGES.
—
1891

PREMIÈRE PARTIE

Comptes des châtellenies de la Balme de Sillingy, St-Genis, Chaumont et Seyssel.

La Société savoisienne d'histoire et d'archéologie, qui a déjà publié tant de documents divers, ne contient pas encore de *comptes de châtelains*. Nous allons combler cette lacune à l'aide de deux pièces de cette espèce, récemment arrivées aux archives départementales de la Savoie.

La première, qui a été restituée par le département de la Côte-d'Or, est le compte des châtellenies unies de la Bâtie et de la Balme de Sillingy, rendu en 1370 par Jacquemet de Chèdes, châtelain pour les comtes de Genevois et Mathilde de Boulogne, leur mère. La seconde, dont il manque malheureusement le commencement, a été donnée aux Archives par notre collègue de la Société d'histoire, M. Félix Rochat. Elle a pour objet le compte des châtellenies unies de Saint-Genis et de Cordon, rendu, vers 1422, par un châtelain dont le nom ne se retrouve pas dans les vingt-deux mètres conservés du rouleau.

Nous avons aussi relevé quelques détails dans des débris d'un compte qui paraît être celui de la châtellenie de Seyssel au XVe siècle.

Les documents de ce genre sont, comme on le

sait, écrits en latin. Nous ne reproduirons, en cette langue, que quelques lignes et certains mots sur lesquels l'attention du lecteur nous a semblé devoir être appelée.

Les redevances de toutes sortes, dues par les habitants au seigneur, sont bien connues. Ce sont les cens ou servis dus par certaines terres albergées, c'est-à-dire données à bail perpétuel, payés le plus souvent en nature : blé, avoine, poules, cire, noyaux ; d'autres fois en argent (1) ; — le fermage des fours et des moulins, des étangs, des greffes et autres petits emplois : messellerie (garde des bancs des récoltes), mestralie, sauterie (garde des bois (2) ; — celui de l'impôt des toises (3) ; — des reconnaissances, tailles, introges, laudes et ventes ; — de la ferme des leydes diverses, celle de la poignée de sel à une main *(manata)*, ou de la poignée à deux mains *(ambostata)*, et autres ; — de celle des droits de péage, cridage, tabernage,

---

(1) Ces revenus provenaient parfois aussi des terres possédées par le seigneur à titre privé, telles que les vignes et les prés des comtes de Genevois à la Balme.

(2) L'emploi de sautier est devenu l'équivalent de celui de mistral *(exacteur)*. Cf. Cibrario, *Studi Storici*, II, p. 399.

(3) Cet impôt était ordinairement de deux deniers gros pour chaque toise en superficie des façades des maisons ; il était dû par l'occupant (*Casalia quicumque ea tenet debet duos denarios pro tesia*. Franchises de Rumilly, art. 42). Il s'élevait à six deniers à Evian, art. 25.

bancage, banvin, d'adoubement des nouveaux marchands, etc.

La source la plus importante des recettes était le produit des amendes, fixées par *composition* (*bans concordés*) ou imposées par jugement (*bans condamnés*), suivant les bases résultant des énonciations des franchises de Saint-Genis et de la Bâtie. Ces dernières, dont l'existence est indiquée à plusieurs reprises dans le compte de Jacquemet de Chêdes, ne sont pas connues jusqu'à présent ; vraisemblablement elles étaient identiques à celles des villes voisines, Rumilly, Annecy, Cruseilles (1). Quant aux franchises de Saint-Genis, elles ont été publiées par la Société savoisienne d'histoire dans le tome IV de ses *Mémoires et Documents*, et ont fait l'objet d'une étude intéressante de M. Pierre-Antoine Naz, dans le tome XI.

Plus loin nous consacrerons quelques pages aux franchises de Chaumont.

---

(1) On trouvera ces diverses franchises aux tomes IV et XI indiqués ci-dessus, au tome XXIII des mêmes *Mémoires* et au tome XIII de ceux de la *Société d'histoire de Genève*.

En 1367, Amédée IV, comte de Genevois, confirma, du consentement de sa mère, les *anciennes* franchises (non connues) d'Annecy. Les franchises de la Bâtie et la Balme devaient être assez semblables à celles de Cruseilles, codifiées en 1282 et augmentées en 1372.

Compte de la Balme.

Les comtes de Genevois possédaient à la Balme de Sillingy *(Balma de Cosongiaco)* un château où ils résidaient fréquemment. Situé à environ dix kilomètres N. O. d'Annecy, il se trouvait sur la route conduisant de cette ville au château de Clermont en Genevois (1). Le comte Amédée III mourut le 18 janvier 1367; il avait eu de sa femme, Mathilde de Boulogne, de nombreux enfants (2), dont plusieurs sont indiqués dans le compte du châtelain de la Balme : Aimon, qui, à la mort de son père, 18 janvier 1367, exécutait le voyage d'outre mer dont parle le compte, et qui mourut en Grèce, de mars à août de la même année; — Amédée IV, qui succéda à Amédée III et mourut en septembre ou octobre 1369; — Jean, mort en 1370, et Pierre, dit de Genève dans le compte, décédé en mars 1394 (3). Outre ces fils laïques qui succédèrent l'un après l'autre à leur père, il y en eût un autre, né en 1342, qui devint cardinal et pape, ou antipape, sous le nom de Clément VII. A l'époque du

(1) Voir à ce sujet notre *Répertoire de titres et documents sur l'ancien comté de Genevois*, p. 46.
(2) *Répertoire*, p. 45.
(3) Mugnier ; *Chronologies pour les études historiques en Savoie*, p. 52. Il y avait alors un autre *Pierre de Genève*, fils naturel d'Amédée III, dit le *bâtard de Genève*.

compte, il était évêque de Cambrai (1), et l'on voit qu'il fit en Genevois, notamment à la Balme, un ass... long séjour, de juillet à octobre 1369.

La comtesse Mathilde paraît avoir exercé une grande influence sur son mari et sur ses fils ; elle semble avoir toujours été associée à leur pouvoir. C'est à elle, en effet, que le châtelain rapporte la souveraineté de la Balme ; il dit sans cesse les prés, les vignes, les moulins de la dame *(domine);* et c'est ainsi qu'Amédée IV soumet à son approbation les dons qu'il fait à la chapelle du château de la Balme. Elle testa à Rumilly le 28 août 1396; l'un de ses exécuteurs testamentaires fut un notaire, *Guillaume de Crantz,* qui, à l'époque de notre compte, était déjà le receveur de ses finances, et, avec un autre notaire, Jean Mossères ou Moussière, le principal de ses intendants.

Les jeunes fils de Mathilde de Boulogne venaient à la Balme avec leurs amis ; on y voit un jour le seigneur de Rossillon. L'un d'eux y laisse quelque temps son cheval de guerre. Ils y avaient des faucons que l'on régalait parfois avec les poules des redevances; aussi rencontre-t-on deux fauconniers : Durand Bleyteron et Hugues-le-Sautier *(le garde-bois).* Les princes n'étaient pas riches ; ils empruntaient de leurs familiers, ou, sous leur cautionnement, à la banque des Asinari, d'Annecy.

(1) Après avoir été sept ans évêque de Thérouane, il avait été nommé évêque de Cambrai en 1368.

La comtesse avait deux chapelains au moins : D. Guillaume Pollin et D. Jean Billiet ; elle en avait un troisième au château de la Balme : D. Laurent Belmont, prêtre du diocèse d'Evreux (1). Ce sont eux qui reçoivent la plupart des denrées destinées à l'hôtel *(hospitium)* de la comtesse et de ses fils ; quant à l'argent comptant, que le châtelain payait par quartiers, il le remettait à la comtesse elle-même.

Le château de la Balme est en ruines depuis assez d'années pour que les paysans aient oublié qu'il appartenait à leurs anciens souverains ; ils l'appellent le *château des fées*. Nous verrons qu'il subit, au commencement de 1370, un incendie qui fut si rapide que la *vaisselle d'argent* ne put être sauvée. On dut la rechercher dans les décombres.

Les maisons des campagnes du Genevois étaient généralement recouvertes de chaume. Le château de la Balme avait une toiture plus élégante, mais plus combustible encore ; il était couvert en bardeaux *(scinduli)*, sauf la grande tour qui avait un toit de tuiles. L'on acheta, en 1370, pour la réfection du toit, 10.000 bardeaux à cinq sols le mille, et 8.000 clous à trente-six sols le mille ; on put faire servir une partie des vieux clous. Dix

---

(1) Voir ci-après, à la fin de la charte du 12 septembre 1368.

livres de fer (1) coûtèrent 14 sols; cinq serrures, la même somme. Une autre fois, à la suite d'un violent orage, l'on acheta 26.000 bardeaux et 22.000 clous. L'agencement était assez perfectionné, puisque le compte rapporte que l'eau était amenée dans diverses parties du château.

La façon de travailler était fort singulière. Il est, en effet, formellement énoncé au compte que l'on employait 10, 20, 40, 80 ouvriers charpentiers ou manœuvres pour faire l'ouvrage en un seul jour ; de même pour les vendanges, les fauchaisons, etc. Si, à la rigueur, les quatre cents ouvriers vendangeurs que l'on rassemblait le même jour pouvaient travailler à la fois, il n'en était pas de même pour les artisans, charpentiers et maçons.

Le prix de la journée de ces ouvriers était de 6 à 13 deniers gros genevois de douze au sol ; la journée était évidemment plus chère en été qu'en hiver.

L'un des objets les plus importants des comptes est certainement l'énumération des crimes et des délits dans les bans concordés ou condamnés.

Les crimes sont fort rares et il semble que le malfaiteur échappait facilement par la fuite à la

(1) Il est possible que des mines de fer fussent exploitées alors dans les environs, notamment à Ferrières, paroisse située à 7 ou 8 kilomètres E. de la Balme.

répression corporelle ; mais ses biens étaient saisis ou vendus au profit du prince. Cependant, soit par manque d'argent, soit plutôt par crainte de la vengeance du fugitif ou par amitié pour sa famille, lorsque les meubles et les immeubles étaient mis aux enchères, d'habitude personne ne se présentait pour les acheter.

Quand la peine prononcée était grave, le condamné ne manquait pas d'appeler, mais souvent il n'y avait là qu'une mesure dilatoire et l'appel n'était pas suivi devant le tribunal supérieur. Nous voyons dans le compte de Saint-Genis que le trésorier ordonnait alors au châtelain de passer outre à l'appel et de poursuivre le recouvrement de l'amende, sous peine d'en voir le montant porté d'office à son débit. Le prince perdait encore les amendes lorsque les condamnés étaient des étrangers ayant quitté le pays sans y laisser de biens, ou des vagabonds, gens insolvables en tous temps et en tous lieux. De là, le proverbe : *où il n'y a rien le roi perd ses droits.*

Les franchises de nos villes et bourgades contenaient une espèce de code administratif et judiciaire ; mais elles étaient loin de prévoir tous les cas. On jugeait sans doute suivant la coutume ou l'analogie.

Par une exception singulière des franchises de Saint-Genis, l'adultère n'y était pas puni : *qui adulterium fecerit solum Deum habeat ultorem.* C'était, semble-t-il, un hommage rendu à son sexe par la comtesse de Savoie, veuve de Thomas Ier, lorsqu'elle accorda ces libertés. L'adultère était au contraire puni à la Balme; et si, dans le compte du châtelain de Saint-Genis, l'on ne trouve aucune condamnation pour un tel délit, dans celui de la Balme on en rencontre deux. Elles frappent deux femmes sans qu'il apparaisse d'aucune poursuite contre leurs complices (1).

Si les crimes paraissent peu fréquents, peut-être parce qu'ils ne ressortissaient pas au châtelain, les petits délits et ce que nous appelons des contraventions de police, étaient tout à fait nombreux.

Les injures simples ou réciproques étaient fréquentes; elles s'adressaient assez souvent aux familiers de la curie et parfois n'épargnaient pas le curé du lieu. Une expression injurieuse de la châtellenie de Saint-Genis, dont, nulle part ailleurs, nous n'avons rencontré la mention, est celle-ci : « *Tu es chatissimus* ou *chatissunus* ; — *chatissimus et latro* (2). »

La personne qui trouvait un objet était frappée d'une amende si elle ne dénonçait pas sa décou-

---

(1) La peine ordinaire contre l'homme adultère était de 60 sols; de moitié pour sa complice.

(2) Ce mot, répété trois ou quatre fois, est parfaitement lisible ; c'est peut-être l'indication latine de quelque parole grossière de la localité, ou plutôt un synonyme de notre mot *filou*.

ve..te à la curie; sans doute parce qu'elle manifestait ainsi son intention de s'approprier indûment le bien d'autrui, mais encore parce qu'elle frustrait le prince de son droit sur les trouvailles *(inventa)*.

Les dommages causés à la propriété, même involontairement, étaient punis d'une amende ; telle l'action d'avoir fait écouler de l'eau sur le champ d'autrui. Le fait d'avoir vendu un bien soumis à un gage à un prix inférieur à ce gage, était regardé comme délictueux ; il y avait une amende aussi contre celui qui se mettait en possession d'un bien acheté, ou reçu par échange, avant d'avoir obtenu et payé le laod, impôt qui était du huit pour cent environ, mais qui a augmenté depuis. Il était du reste aggravé par le droit de préemption du seigneur et par le droit de *trézain* (1).

Une contravention qu'il importe encore de signaler est celle d'avoir commercé à Saint-Genis *(mercandiasse)* avec de la monnaie étrangère (française); elle est frappée de l'amende considérable de 35 sols forts. L'exécution de lettres apostoliques était

(1) *Item columus quod quicumque coluerit vendere rem suam quam tenet ab aliquo domino, quod ipse presentet cum domino ipsius rei vel procuratori suo, prout de jure est, et si dominus noluerit emere, vendat cuicumque voluerit, exceptis personis de jure prohibitis, et dominus habeat trezenum de re vendita et pro laudemio medietatem trezeni.* (Franchises de Saint-Genis, Mémoires cités, IV, p. 140.)

interdite tant qu'elle n'avait pas été permise par l'autorité civile ; pour avoir contrevenu à cette règle des Statuts de Savoie, Thomas Assuard paye, par mode de composition, 18 deniers.

Les jurons : *par le sang-Dieu*, etc., étaient aussi la cause d'amendes, surtout lorsqu'ils avaient été prononcés en face de l'autorité.

Le châtelain, ou son remplaçant le vice-châtelain, employait directement les denrées recouvrées par lui ou par ses agents de recettes, les mistraux et sautiers. Quant à l'argent, il le versait (à la Balme) directement aussi entre les mains de la Comtesse, ou, sur une lettre-mandat émanant d'elle aux créanciers ou aux officiers de l'hôtel. Plus tard, sous le duc Louis de Savoie, il fut ordonné de verser toutes les recettes à la caisse du trésorier général et de ne rien employer en dépense sans son assentiment.

Nous verrons, à la quatrième partie, les modifications que le temps avait apportées à l'administration de la Châtellenie de la Balme.

Compte des chatellenies unies de Saint-Genis et de Cordon (1).

Comme les comtes de Genevois l'avaient fait pour la Bâtie, les comtes de Savoie avaient uni la petite châtellenie de Cordon à celle plus importante de Saint-Genis. Une partie des anciens remparts de cette ville existe encore; on y trouve la rue des Juifs; et la place de la Halle *(Ala)* est maintenant celle des Tilleuls. Le ruisseau de Truyson se jette dans le Rhône, près de Saint-Genis, à un kilomètre en amont de l'embouchure du Guiers, rivière qui arrose la ville (2).

Le duc de Savoie (3) était seigneur direct de Saint-Genis ; à ce titre, il percevait, outre les revenus féodaux que nous avons énumérés, ceux des propriétés qu'il possédait à titre privé ; ses prairies étaient louées à divers, non à perpétuité, mais pour des termes de quelques années ; le revenu en était établi par *cuchon* de foin (4). La ferme des

---

(1) Saint-Genis, actuellement chef-lieu de canton de l'arrondissement de Chambéry, est sur la rive gauche du Rhône; Cordon, sur la rive droite, fait partie du département de l'Ain.

(2) P.-A. Naz, dans *Mémoires* de la Société savoisienne d'histoire, IV, *passim*.

(3) Amédée VIII, comte de Savoie, duc en 1416.

(4) Ce nom est donné encore dans quelques localités à une certaine quantité de foin réunie sur le pré en un gros tas.

ports de Cordon et de Chaux était inféodée à la famille de Martel ; la pêche des étangs d'Albigny avait été albergée, en 1356, à François de Longecombe et à ses héritiers. Chaque nouveau marchand de sel devait être *adoubé* avant de commencer son commerce. Les marchands de sel étaient sans doute nombreux à Saint-Genis, à raison de la facilité qu'on avait de le transporter par le Rhône.

Le nom du châtelain n'est pas connu ; il était écrit en tête de la première partie du compte ; le vice-châtelain se nommait Pierre Méract.

La charge de trésorier général de Savoie appartenait alors, suivant M. Cibrario, à Jean Lyobard, elle aurait passé, en 1423, à Guigonet Mareschal, de Chambéry (1). Cependant le compte indique formellement *Barthélemy de Raczepto*, comme trésorier général de Savoie en 1421, et Jean Lyobard, clerc des dépenses de la maison de la duchesse, comme simple vice-gérant de la Trésorerie (2).

Parmi les noms cités dans ce compte, signalons

(1) *Origini e Progresso delle Instituzioni della Monarchia di Savoia*, II, p. 238-9. Lyobard et Mareschal avaient déjà exercé cette charge d'autres fois. Michel de Ferro ou de Fer, de Genève, la posséda du 1ᵉʳ janvier 1427 au 24 septembre 1434.

(2) Barthélemy de Raczet est indiqué comme *trésorier de Savoie*, dans une charte datée d'Evian le 23 novembre 1419 (Mᵉ Léon Costa de Beauregard, *Les Seigneurs de Compey*, page 86).

Amédée de Dampierre, notaire, Jacques de Fistilieu, Martin de Chaux, anciens trésoriers généraux de Savoie, Guigues de Cordon, seigneur en rébellion contre le fisc ducal, Luquin de Saluces, Humbert de Coyssia et André Rossier, anciens châtelains de Saint-Genis, frère Antoine Chassonay, sacristain du prieuré bénédictin du lieu ; Jean Servais ou Servagi, conseiller ducal, docteur ès-droits.

Nous avons, dans notre *Corps des fondations pieuses de l'Eglise et de l'Hôpital de Rumilly* (1), consacré un chapitre aux prénoms rencontrés dans les nombreuses pièces que nous y avons publiées en entier ou analysées, et les avons comparés aux prénoms modernes. Ce travail, présentant un certain intérêt de curiosité, nous allons indiquer les divers prénoms contenus dans le compte de la Balme et ceux qu'on pourra lire dans l'extrait du compte de Saint-Genis.

Comme à Rumilly, le prénom de *Jean* est tout à fait prépondérant. Viennent ensuite *Pierre, Aimon* ou *Aimonet, Mermet* (à la Balme), *Hugues, François, Jacquemet, Girard, Pernod*. La plupart de ces prénoms sont devenus, dans le pays, des noms patronymiques : *Berthet, Emonet, Durand, Girard, Jacquemod, Jordan, Martin, Mermet, Mermillod, Nicoud, Nicolet, Pernod, Péronet, Ponet, Rolet*.

(1) Voir le compte rendu du Congrès de Rumilly de 1888, et tirage à part, p. 22 et suivantes.

PRÉNOMS DU COMPTE DE LA BALME.

HOMMES.

A.
Aimon, Aymon et Aymonet 29
Amédée 6
Andicon 1
André 4
Antoine 2
Aymar et Eymar ... 7

B.
Béranger 3
Bertet et Berthet ... 8

D.
Durand 5

E.
Etienne 1

F.
François 21

G.
Girard 18
Guigues 4
Guillaume et Vuillaume 9

H.
Henri (Anri) 5
Hugues 23
Humbert 2

J.
Jacquemet 18
Jacquemod 3
Janaton 3
Janoud 3
Jean 66

M.
Maurice 1
Mermet 31
Mermillod 1

N.
Nicod 3
Nicolet 11

P.
Pernod 10
Péronet et Ponet ... 8
Philippe 3
Pierre 51

R.
Reymond 3
Robert 1
Rolet 6

T
Thomas 8

V.
Vincent 1

Femmes.

A.
Agnès............ 3
Alexie............ 2

B
Béatrix........... 1
Bellone........... 1
Bobina........... 2
Broysia (Am)...... 1

C.
Catherine......... 1

F.
Françoise......... 7

G.
Girarde........... 1
Guillemette....... 1

H.
Helia............. 1
Helinayde........ 1

J.
Jacquemette....... 2

M.
Marguerite........ 2
Marie............. 1
Mariette.......... 1
Mathilde 1

N.
Nicode............ 2

P.
Pernette.......... 2
Perola............ 1

S.
Simonde........... 1

Prénoms du compte de Saint-Genis.

Hommes.
André 1
Antoine........... 1
Barthélemy 1
Florimond 1
François.......... 7
Georges 1
Guigues 1
Humbert........... 3
Jacques........... 2
Jean 18
Jordan (juif)..... 1
Lionet (id.)...... 1
Martin............ 2
Pierre............ 9

Femmes.
Ambroisie 1
Marguerite........ 1
Ponette........... 1

Compte du chatelain de Seyssel, vers 1408.

Le fragment que nous possédons de ce compte n'est pas sans intérêt.

Nous y voyons que le comte Amédée VIII avait accordé la *sufferte* à deux détrousseurs de grand chemin, c'est-à-dire qu'il avait prescrit de surseoir, jusqu'à nouvel ordre (1), au recouvrement de deux amendes de cinquante livres dont ils avaient été frappés par le juge du Bugey. Le premier, appelé Jacquemet Colombet, avait volé une jument *(rorcinam)* chargée de fromages; l'autre, Pierre de Verrières, s'était emparé des chèvres des habitants de Mont-Alliod, et tous les deux avaient retiré leur butin dans la maison-forte de Sillans (2), où le dernier était domestique.

Voilà un de ces innombrables exemples d'échecs à sa propre justice donnés par le Souverain. Il est vrai que, pour se faire pardonner, le voleur de chèvres s'était fait *familier* de la curie, c'est-à-dire domestique et geôlier.

Plus loin, le compte rappelle qu'à l'occasion de la mort du comte Amédée VII, d'heureuse mémoire

---

(1) Souvent la *Sufferte* n'était obtenue que pour un délai déterminé, un an ou deux. On l'accordait aussi pour les prestations d'hommage.

(2) Château situé dans le département de l'Ain, dans la montagne au-dessus de Corbonod, à deux ou trois lieues N.-O. de Seyssel.

(1ᵉʳ novembre 1391), les habitants durent payer le droit de *mutage* ou *plait* ; que, tous, et notamment Barthélemy de Châtillon [de Michaille], ne l'avaient pas acquitté, mais que le recouvrement était à la charge de Pierre Monchion (ou de Monchion, ou de Monthion), receveur des régales *(Regichiarum)* (1), soit des droits du Souverain aux changements de règne, etc.; qu'en conséquence le châtelain n'avait pas à s'en occuper.

La recette du compte s'élevait à 35 livres viennoises escucelées, 29 livres, 9 sols, 5 deniers genevois, 189 florins, 1 denier gros petit poids, 3 deniers gros bon poids et 3 oboles d'or (1 den. et 1/2). Le rendant-compte néglige de ramener ses recettes au même dénominateur.

Comme dans les autres comptes, le châtelain de Seyssel énumère les dépenses qui ont absorbé tout ou partie des recettes (2). Il a, comme à la Balme, acheté des bardeaux et des clous pour réparer les toits du château... L'achat a été fait par Philippe

---

(1) Il semble que l'on peut traduire ainsi les mots *receptor Regichiarum*, en signalant cependant la ressemblance du mot avec la *Rechiquina* ou *Regichina*, qui signifierait torture, suivant les explications de M. J. Vuy dans les *Mémoires de l'Institut genevois*, t. XIII.

(2) En 1452, le trésorier général Etienne Rosset fit établir de meilleures règles de comptabilité. Les recettes durent être versées en entier au Trésor et aucune dépense ne dut plus être faite sans l'assentiment préalable du trésorier général. (CIBRARIO, *loc. cit.*, II. p. 255).

de Ravoire, son lieutenant; il a payé les bardeaux 3 deniers et demi le mille, et les clous, 3 deniers et quart.

Le travail a été fait par le charpentier Pierre Nicolier, bourgeois de Seyssel, en une journée payée 11 deniers gros. Le même artisan a refait les latrines pour 3 florins et demi p. p., à forfait. Le prix de la journée était à peu près le même que quarante ans auparavant à la Balme; mais celui des bardeaux et des clous avait diminué considérablement.

DEUXIÈME PARTIE

Compte de Jacques de Chédes chatelain de la Balme et de la Batie.

Computus Jaqmeti de Chiedes, domicelli, castellani Batiste et Balme Cosongiaci, de redditibus et exitibus eiusdem castellanie a die quindecima inclusive mensis januarii anno D^{ni} M^o CCCLXVIII usque ad diem decimam mensis maii anno D^{ni} M^o tercentesimo septuagesimo, videlicet de duobus annis integris, sexdecim septimanis et tribus diebus, receptus apud Annassiacum de mandato domine per Johannem Mosseres, Johannem de Extanz (1) et Guillermum de Crantz, familiaribus domine.

Recettes.

Froment. — Reçu dans la châtellenie pour les années 1368 et 1369 au terme de la Saint-Michel : 47 coupes et 2 quarts.

Reçu de Hugues de Choisie (2) de la Balme, 3 quarts en 1368 et autant en 1369.

De Pierre de Veirier (3), pour son fermage du moulin de Veirier affermé perpétuellement pour 3 coupes par an ; pour 2 ans, 6 coupes.

---

(1) On trouve, en 1372, *Jacques* d'Extanz parmi les familiers de Mathilde de Boulogne.
(2) Choisy, paroisse voisine de la Balme de Sillingy.
(3) Veirier, petit hameau de la Balme.

De Nicolas Chaunat, pour son fermage du moulin de la Balme loué pour trois ans à 24 coupes par an, payables moitié à Pâques et moitié à la Toussaint, pour deux ans et demi, 60 coupes.

De Pierre Chamba, pour le fermage du moulin de la Bâtie, à 32 coupes par an, 64 coupes.

Pour le fermage de la *messelerie* de la Bâtie, pour deux ans, 130 coupes.

Pour 1370, 75 coupes.

Du fermage de la messelerie de la Balme, valant par an 12 coupes de froment, il n'est rien porté en compte parce que la comtesse et son fils, le feu comte Amédée (IV), ont attribué ce revenu, avec quelques autres, au recteur de la chapelle fondée au château de la Balme par feu de glorieuse mémoire Amédée (III), pour la célébration de quatre messes par semaine, comme il résulte des lettres du comte données à Annecy, le 12 septembre 1368 (1).

Total : 346 coupes, 1 quart.

Dépenses.

Le châtelain a livré (sur ces recettes) pour les dépenses de l'hôtel de la comtesse (*hospitii domine*) à Annecy, entre les mains de D. Jean Billiet, son chapelain, sur ordre donné par elle à Annecy le 27 mai 1368, 12 coupes de froment.

Pour les dépenses des faneurs (*fenantium*) des prés de la comtesse à la Balme, pour celles des vendangeurs (*vindemiantium*) en 1368, des valets du feu comte Amédée, et des fils de la comtesse, faites à la Balme,

(1) Voir la charte ci-après.

du 26 octobre au 1er décembre 1368, 8 coupes 1 quart. Ordre de payer, donné à Annecy, le 24 juin 1369.

Pour les dépenses de l'hôtel, faites à la Balme, livré à Mermet Brasier *(le cuisinier)*, 49 coupes. Ordre donné à la Balme le 3 novembre 1369.

Pour les dépenses des faneurs du regain *(recursus,* en patois, *recors* (1), et des vendangeurs à la Balme, 6 coupes.

A Mermet *(Brasier)*, valet de cuisine, 6 coupes. Ordre donné à la Balme le 27 janvier 1370.

Livré aux pauvres de l'hôpital de N.-D. de Liesse d'Annecy, 5 coupes.

Au nommé Gros, en recompense de ce qui lui était dû, 8 coupes.

A Catherine Malone, femme de Mermet de la cuisine, et à la femme du nommé Gruet, en aumône (2), 4 coupes.

Réduction accordée au meunier *(mugnerio)* de la Balme, pour le chômage subi en diverses fois par suite de la destruction des bizières *(bizeriarum,* biefs), 4 coupes.

Livré à Mariette de Perpin, en remboursement d'un prêt fait à l'hôtel, 4 coupes.

A Etienne Gros, de Somont, en remboursement d'un prêt fait à l'hôtel, 6 coupes 1/2.

Pour les dépenses de l'hôtel à Annecy, livré par le meunier Chamba à D. Guillaume Pollin, chapelain de la comtesse, 97 coupes.

(1) Le mot est le même si l'on prononce, comme alors, l'*o* et l'*u* avec le son *ou*.
(2) En don charitable, cadeau.

Au nommé Coudri, *fournier* de l'hôtel, en diminution de son salaire, 2 coupes.

Pour les dépenses des seigneurs évêque de Cambrai et comte Amédée (IV), fils de la comtesse, faites à la Balme le samedi avant la fête de sainte Marie-Magdeleine de 1369 (tombant le 21 juillet), 1 coupe 1/2.

Pour les dépenses de l'hôtel à la Balme, 53 coupes 3/4.

Pour le pain donné aux faneurs des prés de la Balme, en 1369 (mandat donné à la Balme, le 9 mai 1370), 6 coupes 3/4.

A la nommée *Hélynaide* et à Cocan, chambrier *(camerario)* de la comtesse, 2 coupes.

A Peilapral, jardinier *(facienti ortum)* de la comtesse pour son travail de 1368 et 1369, 4 coupes.

Pour d'autres dépenses de la comtesse, 4 coupes.
Total : 264 coupes 1/2.
Il redoit 75 coupes 2/4 (1).

AVOINE. — Certains habitants de la châtellenie devaient une redevance d'avoine. Le châtelain en avait reçu, au terme de la Saint-Michel de 1368 et 1369, 44 coupes, chaque fois ; — 28 autres, à titre de redevance perpétuelle et par feu, recueillies par le *sautier (salterio)* du lieu dans les villages de Quincier (hameau de Sillingy), *Lugren, Ausiee, Grisollaz?* et le Biollet (hameau de Vaulx), 28 coupes.

Les habitants qui prenaient leur affouage de bois dans la montagne de Mandallaz payaient aussi une redevance en avoine.

Total des recettes : 116 coupes.

(1) Il semble qu'il redevait 87 coupes.

Dépenses (de l'avoine).

Pour les chevaux du feu comte Amédée (IV) et de Pierre, fils tous les deux de la comtesse, à la Balme, du 16 octobre 1368 au 1ᵉʳ décembre suivant, 37 coupes 3/4.

Pour les chevaux de l'évêque de Cambrai et de son frère le feu comte Amédée, faites à la Balme le samedi avant la fête de sainte Marie-Magdeleine 1369, et le mercredi avant la fête de saint Laurent (cette fête tombe le 10 août), 3 coupes.

Pour les dépenses de l'hôtel, à la Balme, livré à Mermet Brasier, 46 coupes.

Pour les dépenses des chevaux du feu comte Amédée IV et du seigneur de Rossillon, faites à la Balme le jeudi après la Pentecôte de 1369, 1 coupe.

Pour les dépenses des chevaux du feu comte, le jeudi avant Noël 1368, 2 coupes.

Pour les dépenses des chevaux de l'évêque de Cambrai, du feu comte et de Pierre de Genève, le jour de la Nativité de la Vierge (l'année n'est pas indiquée); 1369, probablement (1).

Pour les dépenses des bons hommes *(bonorum hominum)* Guillaume de Crantz, Aimar de Bossonis (2), Janaton Boc..., et de plusieurs autres familiers de la comtesse, faites pour ses affaires le 17 décembre 1368, 1 coupe 2/4.

(1) Amédée IV mourut en 1369, après le 6 septembre ; on peut dire maintenant bien après le 8, jour de la Nativité de la Vierge, car s'il eût été malade alors à la Balme, le compte contiendrait quelques indications à cet égard.

(2) Sans doute le même qu'Aymon de Bosseron, qui assista à la concession des franchises de Cruseilles du 17 septembre 1372.

En marge, outre : 10 coupes.

Au jardinier Peylapral, pour son salaire de 1368 et 1369 (outre le froment), 4 coupes.

Au sautier, pour son salaire des mêmes années, 2 coupes.

Foin. — Le revenu des prés de la Balme de 1368 et 1369, 200 charges *(chargie)* qui ont été livrées à l'hôtel, à Annecy.

Poules. — Reçu 383 poules en 1368, 1369 et 1370.

Leur emploi. — Remis 16 au chapelain D. Guillaume Pollin ; — 9 pour les dépenses de l'évêque de Cambrai, du feu comte Amédée (IV) et de Pierre de Genève, le samedi avant la fête de sainte Marie-Magdeleine, à diner, à la Balme, et 6, le mercredi avant la saint Laurent ; — 6 pour le feu comte et le seigneur de Rossillon le jeudi après la Pentecôte de 1369; — 8 pour le feu comte Amédée (IV), le jeudi avant Noël 1368; — 24 pour l'évêque de Cambrai, le feu comte et Pierre de Genève, le même jeudi, y compris 8, portées à Annecy, à l'hôtel de la comtesse ; — 15 au chapelain D. Guill. Pollin ; — 81, employées à la Balme ; — 17, remises au sautier Hugues pour les dépenses (la nourriture) des faucons du feu comte, et 12 remises à Durand Bleyteron, aussi pour les faucons; 48 livrées, à Annecy, à Cocan, pour l'hôtel de la comtesse.

Noyaux. — Reçu, pour 1368 et 1369, quatre quarts (1) de noyaux pour deux ans et demi, employés comme il est dit au dos du rouleau (c'est-à-dire employée pour l'huile de la lampe de la chapelle de la Balme).

Vignes. — Retiré des vignes de la comtesse, à la

(1. La capacité du *quart* était d'environ 20 litres.

Balme, d'une contenance d'environ 300 fosserées, aux vendanges de 1368 et 1369, chaque fois, un muid. Livré ce vin au chapelain pour les dépenses d'Annecy et de la Balme.

GINGEMBRE. — Reçu 1 livre en 1368, 1 livre en 1369 ; voir l'emploi au compte suivant.

AGNELAGE — Droit à prélever sur les moutons de chaque étranger venant trafiquer à la Balme vers la fête des SS. Philippe et Jacques (tombant le 1er mai). Rien ; il n'est pas venu d'étrangers.

CIRE. — Reçu, en 1368, 30 livres 1/2, autant en 1369, et 17 qu'il relevait du compte précédent : 78 livres.

Il en a livré pour les dépenses de l'hôtel d'Annecy, au poids du crochet (1) d'Annecy *(ad pondus crocheti Annassieci)*, une quantité qui fait, au poids de la Balme, 32 livres ; — à la Balme, 28 livres 1/2, total : 60 livres 1/2.

Il en redoit 17 livres 1/2.

CENS. — Reçu, tant du nouvel impôt que de l'ancien *(tam de antiquo redditu quam novo*, et ailleurs, *de novo imposito)*, aux termes du Carême, de la Saint-Michel et de la Saint-André, en 1368 et 1369, notamment dans la mistralie de Robert de la Balme, environ 27 livres.

(Il semble qu'il ne s'agissait pas ici réellement d'un nouvel impôt, mais d'une imposition appliquée aux acquéreurs de biens soumis à des cens, desquels les vendeurs étaient alors déchargés. Les laods et ventes de ces achats sont indiqués plus loin).

(1) C'est-à-dire du poids suspendu au crochet sur la place publique. La livre de la Balme était donc plus forte que celle d'Annecy.

Tailles. — Reçu des taillables, à la saint Michel de 1368, 24 livres 7 deniers ; — de 1369, autant.

Fermes. — Reçu de Pierre Cochand, d'Annecy, pour la ferme perpétuelle du *four* de la comtesse, à la Bâtie pour deux ans, 20 sols ; — de Rolet de Somont, pour la leyde de deux ans, 50 sols ; — aux foires de la Bâtie, à raison d'un denier pour chaque marchand y vendant ses denrées sur le banc, ou autrement, pour 2 ans, 5 sols ou 60 deniers. (Il était donc venu aux foires 30 marchands par an, en moyenne).

De la ferme des papiers de la curie et des actes à y rédiger *(greffe de la châtellenie)*, 48 sols pour 2 ans.

Pour la ferme du *four* de la Balme, pour 2 ans 1/2, 15 livres. (Ce four, qui était affermé 6 livres par an, était donc beaucoup plus important que celui de la Bâtie, lequel ne produisait que 10 sols).

Toises. — L'impôt était de 2 deniers et 1 obole par toise. Il produisait, à la Bâtie, 30 sols, et était recueilli par le *sautier* (1).

Gaides. — Reçu pour 2 ans, 15 sols 10 deniers.

Reconnaissances. — Reçu pour 2 ans, 24 deniers.

Introges. — Reçu de Jacquemet Foret, de Nunglard, pour deux pièces de terre *échutes* à la comtesse *au Cheigno*, pour les introges albergées et les usages seulement, 12 sols.

Laudes et ventes. — C'est notre droit de mutation actuel.

Reçu de Rolet, du Biollet, pour les choses achetées *(pro rebus emptis)* d'Aymon d'Enzel, au prix de 9 livres et pour 3 deniers de nouveau servis, 30 sols.

De Pierre Jean, pour achat de choses valant 48 sols, 8 sols.

(1) Ici le sautier remplissait bien la fonction d'exacteur.

D'Alexie, femme de Jean Berthet, pour chose à elle albergée par Pierre Pollien, sous l'introge de 12 sols et un bichet annuel de froment, 4 sols 6 deniers.

De Gros Jean, pour achat de choses valant 40 sols, 6 sols 8 deniers.

De Mermet Berthet, pour 28 sols, 4 sols 8 deniers.

D'André Buerat, bourgeois de la Bâtie, 2 sols, pour choses achetées et valant une coupe de vin, suivant les franchises de la Bâtie (*secundum franchesias et libertates dicte ville Bastie, in una cupa vini tantum valente* (1).

Pour une vente s'élevant à 18 florins, 36 sols.

D'Hugues Pollet, messager, pour achat valant 7 livres, 23 sols 1 denier.

De Georges du Cros, pour choses à lui albergées sous l'introge de 26 sols 6 deniers et un quart de froment par an, 8 sols 2 deniers.

De Ponette, femme de Jacquemet, de Darmaz (hameau de la Balme) pour choses à elle données par son mari, à tant estimées (*rebus... pro tanto confirmatis*), 40 sols.

---

(1) Cette estimation se retrouve encore plusieurs fois. On lit à cet égard dans les Franchises de Cruseilles, art. 13 : *Qui vendit domum aut casale debet unam cupam vini et laudam et vendam domino, si sit de feudo domini*. Mais quelle quantité de vin cette *coupe* représente-t-elle ? Évidemment ce n'est pas 80 litres comme la *coupe* moderne de blé. Elle doit, suivant l'art. 20 des Franchises de Rumilly (*Idem* à Seyssel), être telle qu'un cheval en porte 16, *que sit tanta quod unus equus portet sexdecim cupas*. On pourrait, semble-t-il, évaluer la charge d'un cheval à 160 kilogrammes ; les coupes qui doivent la composer seraient donc de 10 kilogrammes, soit de 10 litres, l'une.

De Broisie, femme d'Aimon Boccon, pour choses valant 100 sols à elle données par Antoine de Somont, 8 sols. 4 deniers.

D'Etienne Falca, de Lovagny, pour son achat valant 60 sols, 10 sols.

D'Hugues et de Nicole Cheisier, pour un échange avec Pierre Fabri, estimé 40 sols, 8 sols 1 denier.

De Pierre Fabri pour son échange avec Hugues Cheisier, estimé, suivant les Franchises, en une coupe de vin, 2 sols.

Pour le laod de la maison achetée par Mermet de Cossie (Coucy), de Pierre Bachod, au prix de 40 sols, 3 sols 4 deniers.

D'Aimon Genevois, pour choses à lui données par Aimon Fornel, valant 6 livres, 36 sols 8 deniers.

Total des laods et ventes perçus : 38 livres 7 sols 5 deniers.

BANS CONCORDÉS.

Reçu du bâtard de Saint-Paul, pour violation de saisie ? *(pro seysia fracta)*, 10 sols.

De Pierre Version, pour avoir *frappé d'une verge* Péron de Cilingie (Sillingy) ; de Girard, pour avoir frappé du poing, chacun 5 sols ; pour injures réciproques reçu de chaque partie, 4 sols.

Pour avoir enfourné *(quia forneavit)* dans le four de du Mont [sans permission], (c'est l'amende la plus basse), 2 sols.

Pour avoir coupé une haie le long de la voie publique ; pour avoir transporté une hache [sans permission], 4 sols.

Pour avoir changé une roue à un chariot sans le consentement du propriétaire, 2 sols.

Pour n'avoir pas révélé à la curie la trouvaille d'un couteau ou d'un coutre *(cultelli)*, 2 sols.

Pour avoir détourné un ruisseau sur la terre d'autrui, 5 sols.

Pour avoir vendu une pièce de terre donnée en gage, à un prix moindre que la somme reçue sur le gage, 4 sols.

D'Alexie, femme de Jacquemoud Plat, de Challongier, *(Challongy* ou *Sallongy* hameau de Thusy), pour avoir commis un adultère, 8 sols.

De Françoise de Coisin, pour adultère (1), 10 sols.

De Jean de la Marede, pour avoir connu charnellement Béatrice, fille de Jean de Ronzier, de Nunglard, 60 sols.

De Pierre Fabri, pour avoir pris de l'argent dans la bourse de Nicoud Petit, 4 livres.

Pour peines méprisées *(pro penis spretis)*, environ cinquante personnes sont taxées à 2 et à 3 sols, six à 16 et une à 18 sols.

Pour avoir frappé un porc, 5 sols.

Pour avoir abattu un châtaignier sans le consentement du propriétaire, 3 sols.

Pour avoir percé avec une taravelle (tarière) un croisonnier (pommier ou poirier sauvage), sans la permission du propriétaire, 5 sols.

BANS DE CHAMPART (2) ET MENUS BANS, etc., etc.

Un grand nombre taxés à 9, 12 et 16 sols.

---

(1) La peine de l'adultère était de 60 sols pour l'homme et de 30 pour les femmes. (Art. 43 des Franchises de Rumilly, d'Evian, art 14, etc…)

(2) *Banna champarie*. Droit du seigneur sur les récoltes ; il se payait en nature et sur le champ lui-même ; il s'agit sans doute ici d'infractions à ce ban.

Bans condamnés *(Banna condempnata et iniuncta per judicem in quibus percipit mistralis).*

Reçu de Jean Violet, parce qu'il avait abattu les noix d'un noyer dont son frère avait une part, 12 sols.

Pour injure au serviteur de la curie, 15 sols.

Pour peines méprisées, 5, 12, 15 sols.

De divers, pour avoir placé des bornes dans le terrain d'autrui, sans permission, 13, 27, 28 sols.

De Pernoud Chitier, de Chaumontel (hameau de Sillingy), qui, pour avoir pris deux porcs dans la maison d'Aimon Clerc, avait été condamné par le juge à 30 sols et avait reçu de la Comtesse une remise du tiers, par lettres données à Annecy le 26 juillet 1369, 20 sols.

Injonction de percevoir l'amende due par Maurice Oyl, condamné pour avoir clos d'une haie un chemin public ; amende mise en sufferte par lettres de la Comtesse du 28 avril 1369, à la demande de la dame...:, veuve d'Aimon de Compeis (1), qui prétendait que ledit Maurice était de sa juridiction et lui appartenait.

Total des bans concordés, champarts, menus et condamnés, déduction faite du tiers que le *mistral* de la Balme touche sur chaque ban de 3 sols [au moins] et de 12 deniers qu'il touche aussi sur chaque ban : 43 livres 17 sols 1 denier genevois.

Clames. — Perçu à ce titre : 36 sols.

Echutes et compositions.—(Sur les échutes ?) : rien.

Trouvailles *(Inventa).* — Reçu pour la découverte d'un petit manteau ; d'un essaim [d'abeilles], 3 sols 6 deniers.

(1) Cet Aimon avait testé le 11 juin 1367. Costa, *Les Compey,* au tableau généalogique.

Subsides. — Reçu des hommes et sujets de la Comtesse, dans la châtellenie, sur le subside qu'ils ont accordé au feu comte Amédée IV, pour le voyage d'outre mer fait par son frère le comte Aimon (III), 140 livres, 12 sols (1).

Ventes. — Reçu de divers, pour vente de menus bois à eux faite dans la montagne de la Comtesse, à Mandallaz (au levant de la Balme de Sillingy), 119 sols.

Dépenses.

Travaux au château de la Balme. — En 1368, acheté 10,000 bardeaux, à 5 sols le mille, pour les toits que la violence de la bise avait découverts à plusieurs endroits, à 5 sols 6 deniers le mille ; — de 8,000 clous, à 36 sols le mille ; — pour le louage (locagio) de seize charpentiers pendant un jour et recevant des salaires variés, en tout 27 sols 8 deniers ; — pour rendre habitable *(pro camera domificanda)* la chambre à côté de la porte du château ; — 40 sols à Pierre Tatavin pour le prix fait de la réfection de cette chambre, y compris 14 sols pour l'achat de dix livres de fer pour deux fenêtres faites à cette chambre ; — 25 sols à Pernod de Vorsier, charpentier, pour les chevrons et les lattes du toit de la même chambre ; — 14 sols pour l'achat de cinq serrures et de leurs clés pour diverses portes du château. Total : 10 livres 14 sols 8 deniers.

A Trollion d'Annecy, pour le prix fait de la couverture *en tuiles* de la grande tour, y compris les frais de transport des tuiles d'Annecy à la Balme, et 10 sols pour achat de six coupes de chaux, 17 livres 11 sols.

(1) Cet Aimon mourut le 10 octobre 1366, à Callocastro, en Grèce. Ducis, *Revue savoisienne*, 1879.

Pour la construction de conduits de bois *(bornelli, bourneaux)* et d'un bassin de bois près du bachat (1), au bois pris à la montagne de la comtesse, transporté à la Balme, travaillé, placé, etc., 34 sols.

TRAVAUX DES VIGNES. — Livré pour 939 hommes ayant travaillé en 1368 et 1369 à la vigne de la Bâtie, en provignant, plaçant les échalas, fossoyant et binant pendant 1 jour à raison de 7 deniers chacun *(pro locagio IX^cXXXIX hominum, vineam Bastie propagantium, passellantium, villantium, foderantium et binantium)*, 27 livres 12 sols 9 deniers.

Pour 12 hommes, taillant les saules pour faire les échalas (2), pour le transport du fumier de l'écurie à la vigne, pour la clôture de la vigne, pour sa garde, pour le pain et le vin donnés à dix bouviers ayant charrié dans la vigne le foin du pré de la dame de Mareste, 7 deniers par jour à chaque homme.

Pour le salaire de plusieurs hommes qui ont coupé le bois pour les treilles *(pro trelliis)* et les échalas *(pro passellis)* à faire et à planter, 50 sols 6 deniers.

TRAVAUX DU JARDIN. — Salaire de 18 ouvriers qui ont enlevé le fumier des écuries du château et l'ont charrié avec leurs bœufs dans le jardin de la comtesse;

---

(1) *Bornelli, bourneaux*, conduits en bois percés pour amener l'eau; *Bachatus, bachat*, bassin de bois ou de pierre pour recevoir l'eau tombant du jet. Ces noms sont encore usités.

(2) *Puantium salices pro passellis faciendis*, taillant les saules pour faire les échalas. L'action de tailler la vigne se désigne en patois par l'infinitif *podà*. Les échalas se nomment *passè*.

— salaire de ceux qui ont labouré le jardin ; — pour l'achat des semences (9 sols) ; — pour les femmes qui ont mondé le jardin *(mundaverunt, sarclé)* ; — pour la clôture du jardin ; — au jardinier Peylapral. Celui-ci reçoit encore 5 sols pour s'acheter des souliers et des chausses *(pro sotularibus et caligis)*.

Livré 12 sols pour l'achat de chênes à convertir en chevalets destinés à soutenir le canal du moulin de la Balme *(pro molendini canalibus sustinendis)*.

Pour les valets qui ont gardé, du 16 octobre 1368 au 1er décembre suivant, à la Balme, les chevaux du feu comte et de Pierre de Genève, fils de la comtesse.

Il se rembourse à lui-même 8 livres payées à la banque des *Asinari (erga banchiam Asinarium)* (1).

Livré manuellement à la comtesse le terme de la Saint-Michel de 1369 de la pension de l'hôtel, 20 livres.

A Bellone, veuve de Rodet de la Balme, en remboursement de ce qui lui était dû par la comtesse, 27 sols.

A Peylapral (le jardinier), en don de la comtesse, pour se faire une mauvaise cotte, 18 sols.

Au même, pour un prêt qu'il avait fait au feu comte Amédée IV, de l'ordre de la comtesse, 20 *florins*.

Pour remise à Jean du Four, valet de la comtesse, de laods et ventes qu'il devait, 20 sols.

Pour le charriage de 80 coupes de froment de la Balme à l'hôtel de la comtesse, à Annecy, y compris 6 sols pour les dépenses du conducteur, 32 sols 8 deniers.

(1) Aymonet des Asinari, lombard (banquier) à Annecy, est témoin à Clermont, le 22 mars 1335, à l'octroi des franchises de la Roche, par le comte Amédée III.

Pour les dépenses de l'évêque de Cambrai, du feu comte Amédée IV et de Pierre de Genève, la veille de la fête de sainte Magdeleine et le mercredi avant la saint Laurent de 1369, 46 sols 4 deniers.

A Jaquemette, sa femme [de lui châtelain], pour prix d'une plume ? de vairs achetée par elle pour le comte *(pro pretio penne variorum)*, 21 florins.

Manuellement pour la pension de l'hôtel, terme de la Saint-Michel de 1368, 24 livres, 13 sols.

Pour des dépenses à la chapelle fondée à Notre-Dame-de-Liesse d'Annecy, par le feu comte mari de la comtesse (Amédée III), suivant lettres données par elle à Annecy le 10 septembre 1369, 45 livres 16 sols.

A Jacques Vionet, achat d'une vache pour l'hôtel, 40 sols.

Dépenses d'Andicon, valet de Pierre de Genève, faites dans la maison de Hugues, messager, en y gardant plusieurs jours le coursier (cheval de guerre) de son maître.

Pour l'achat d'un chêne destiné à faire un bateau pour l'étang de la comtesse à la Balme, 48 sois.

Pour la ferrure des conduits placés dans le château pour amener l'eau à la cuisine, à la *bouteillerie* et au four, 2 florins.

Pour des rigoles dans les prés, afin d'y faire couler l'eau du bachat, 8 livres 8 sols.

En don à une pauvre veuve et à sa fille, 12 sols.

Pour l'achat de 26.000 bardeaux pour les toits de l'écurie du château, complètement découverts par la violence du vent, et ceux du château découverts en plusieurs places ; — de 22.000 clous, outre les vieux ; — 89 charpentiers ont travaillé un jour et sont payés 12 deniers chacun, outre ce qui leur a été donné à l'hôtel; — 9 coupes de chaux pour la réfection de la grande chambre de la tour et de celle de la comtesse; — 60 maçons pendant un jour, à chacun 12 deniers; — 81 manœuvres, aidant les charpentiers et les maçons, à 6 deniers chacun; — travail à la chambre des Frères mineurs (1) et à celle qui est près de la porte du château; l'ordre de payer est donné à la Balme, par la comtesse, le dernier janvier 1370.

Don à Aymon, valet de cuisine, 18 sols.

Dépenses du feu comte Amédée IV et du seigneur de Rossillon, à la Balme, le jeudi après la Pentecôte de 1369, 12 sols.

Dépenses de l'évêque de Cambrai, du feu Comte (2) et de Pierre de Genève, le jeudi avant la Noël de 1369, à dîner, 50 sols 11 deniers.

Dépenses de Guillaume de Crantz, Aimon de Bosson, Janaton Rot. et autres, à la Balme, le 17 décembre 1368, 15 sols.

A Guillaume de Crantz, par grâce spéciale de la Comtesse, 44 sols.

Au recteur de la chapelle de la Balme, pour 2 ans, 100 sols.

A divers messagers envoyés en divers lieux pour les affaires du Comte et de la Comtesse, 9 livres, 14 sous.

Pour revenus dus à Pierre Cochard d'Annecy, par le Comte, en vertu d'une obligation à lui souscrite, pour 2 ans, 28 sous, 2 deniers.

(1) Les Frères mineurs étaient alors en grande vogue; il y en avait un couvent à Annecy. Sans doute la Comtesse en faisait venir deux à la Balme lorsqu'elle y séjournait.

(2) Vraisemblablement Amédée IV. Il serait donc mort tout à fait à la fin de 1369, ou au commencement de 1370.

A plusieurs hommes qui ont fait un barrage de pieux et de verges (1), vers le pont de Magnin, pour empêcher l'eau du bief *(bisiere)* du moulin d'entrer dans les prés de la Comtesse.

Vacations pour le compte précédent, 20 sols.

Son salaire de 15 livres par an, 38 livres, 14 sols, 11 deniers.

Il redoit 101 livres, 12 sols, 8 deniers genevois, et les denrées non employées.

DEUXIÈME COMPTE.

Compte de Jacquemet de Chièdes, damoiseau, châtelain de la Bâtie et de la Balme, des revenus de cette châtellenie et des arrérages de son compte précédent, du 10 mai 1370 au 10 septembre suivant, soit de dix-sept semaines et quatre jours, présenté, d'ordre de la Comtesse et en sa présence, à Annecy, par ses familiers, Jean Mossères et Guillaume de Crantz.

On rappelle d'abord ce que le châtelain redoit sur le compte précédent ; puis viennent les recettes de *laods et ventes*, pour 8 livres 10 sols 10 deniers ; les *bans concordés* par le châtelain et dans lesquels le mistral ne perçoit rien ; — pour avoir laissé entrer du bétail sur le terrain d'autrui, amendes de 2, 4, 5, 6, 7, 9 et 15 sols ; — il y a 42 amendes *pro penis spretis* et *saisia fracta* ; parmi *les bans condamnés*, l'on trouve François Vionet, pour injure au curé de la Balme, 6 sols ; — pour injure au sautier, 3 sols, etc., etc.

(1) Pro facienda *torna* ; en patois le barrage des moulins s'appelle *tourna*.

Echute ; prix des biens meubles de **Bertet Montagnier** et de sa fille, hommes du seigneur morts sans héritiers, 26 sols.

Une amende est perçue de François Michel, qui avait pris possession d'une terre par lui achetée et échangée *(sic)*, avant de l'avoir fait *lauder (sine laude domini).*

Retiré de la vente de 63 coupes 2 quarts et le tiers d'un quart de froment, 15 livres, 16 sols, 6 deniers.

De 5 coupes et 4 quarts d'avoine, 14 sols.

De cent onze poules, 37 sols.

De 2 quarts de noyaux, 3 sols.

De 2 livres de gingembre, 16 sols.

De 17 livres et demie de cire, 52 sols, 6 deniers.

Total des recettes : 42 livres, 8 sous, 9 deniers, et 12 florins bon poids.

Dépenses.

TRAVAUX DU CHATEAU. — Un incendie avait éclaté au château de la Balme peu après la reddition du compte précédent, c'est-à-dire vers le printemps de 1370. On dut s'empresser d'y faire les réparations nécessaires ; parmi les dépenses faites à cette occasion, on trouve le salaire de diverses personnes qui furent occupées à rechercher dans les décombres la vaisselle d'argent de la comtesse.

Achat de 4.000 bardeaux, dont mille sont achetés à Thorens, et de 4.000 clous, dépense : 71 sols 10 deniers.

Payé à 12 charpentiers rassemblant et mettant ensemble [les débris de] la charpente du château brûlée *(sic)* par un incendie, — à 24 hommes et 2 femmes qui ont aidé les charpentiers à ce travail et à la recherche de la vaisselle d'argent de la comtesse, 49 sols.

Salaire de 315 hommes pour les travaux de la vigne en 1370, à 7 deniers l'un, 9 livres 2 sols.

Aux faucheurs, suivant prix fait, 4 livres 10 sols.

A Guillaume de Crantz, receveur de la comtesse, 25 livres 14 sols.

A Nicolet Chamot, prix fait pour arracher les buissons et les épines dans la vigne de la Batie, 60 sols.

A Pernoud de Vorsier, charpentier, pour arranger les tonneaux, 9 journées, 9 sols.

A Brasier de Cruseilles, cordonnier *(sutor)*, pour une malle? *(pro una malla)* par lui achetée pour le comte et sur lettres de la comtesse données à la Balme le 27 août 1370, 4 florins.

Remis d'ordre de la comtesse à François Gros, à Catherine Malone, Amédée de Vaulx, à chacun 12 sols; à Aymon *cul de leu* (loup), 16 sols; — à divers messagers, 27 sols 10 deniers.

Son salaire, pour le temps dont il rend compte, à 15 livres par an, 100 sols 2 deniers.

Ensuite est écrit: *Computus ultimus Jaquemeti de Chiedes de anno 1370.*

Confirmation et augmentation de recenus à la chapelle du château de la Balme par Amédée IV et Mathilde de Boulogne, sa mère.

(12 septembre 1368).

Nos Amedeus comes geben. Serie presentium notum facimus universis quod cum inclite recordationis dnus Amedeus comes gebennensis genitor noster quondam carissimus, in sua ultima voluntate disposuerit ad divine maiestatis laudem et honorem fundare unam capellam infra castrum balme cosongie in qua ordinavit celebrare singulis septimanis quatuor missas pro anima ipsius et predecessorum suorum altissimo exorando pro cuius capelle sustentatione dedit et legavit decim *(sic)* libras gebennenses annuales et pro ipsis decim libris geb. annualibus bona infrascripta dedicavit ad opus dicte capelle et rectorum eiusdem, videlicet : hereditatem, terras, prata, nemora, vineas, usagia, et missilaria quecumque et quascumque que quondam fuerunt Nycoleti dicti Pollet de Nunglas quondam, per mortem ipsius Nycoleti prefato domino genitori nostro eschetas et commissas atque duodecim cupas frumenti prefato dno genitori nostro debitas super misselleria predicte Balme, que predicta nobis constat non valere decim libras geb. annuatim. Idcirco pro premissis adinplendum divinoque cultu semper augendo et pro supplendo defectu dictarum decim librarum geb. annualium, de consensu et voluntate karissime genitricis nostre, predicta legata confirmantes insuper per presentes litteras concedimus et donamus ad opus dicte capelle et rectorum ipsius L solidos geb. annuales nobis debitos annuatim tam super leyda nostra Bastie quam super furno nostro Balme predicte, videlicet XXV solidos super dicta leyda predicta et alios XXV solidos gebennenses super dicto furno nostro Balme annuatim, terminis consuetis, per rectores ipsius capelle recuperandos ; volentes tenore presentium de computis nostris *Clarimontis* et *Bastie* sive *Balme* deduci et distrahi servicia, tallias et singula alia que nobis debebantur pro predictis omnibus sic datis et legatis, ac eciam dictos L solidos per nos, ut prefertur, datos, ad opus dicte capelle et rectorum suorum ; mandantes castellano nostro Bastie qui nunc est et qui pro tempore fuerit quanquam dicta bona expediat dogno *laurentio belmondi* presbitero diocesis Ebroicensis rectori dicte capelle et rectoribus futuris in eadem capella, sine impedimento quocumque, necnon computorum nostrorum receptoribus ut predicta servicia, tallias cum dictis quinquaginta solidis annualibus et aliis dicte capelle donatis et concessis de computis nostris dictarum castellaniaaum deducant et distrahant.

In cuis rei testimonium sigillum nostrum presentibus duximus apponendum. Datum Anassiaci die duodecima mensis septembris, anno dni M⁰ CCC⁰ LXVIII⁰.

Per dominum oretenus expeditum.

Nos vero Mathildis de Bolonia, comitissa gebenn., notum facimus universis per presentes quod nos omnia et singula superscripta per dilectum genitum nostrum Amedeum comitem gebennensem data et confirmata dicto dogno *Laurentio* capellano nostro ad opus sui et capelle et [pro] rectoribus futuris in eadem, ratificamus laudamus et confirmamus, promittentes bona fide omnia et singula prescripta predicto cappellano et successoribus suis in dicta capella manutenere ab omnibus in futurum. In cuius rei testimonium sigillum nostrum presentibus duximus apponendum. Datum Anassiaci die duodecima mensis septembris anno dni M° CCC° LXVIII°.

Per dominam, oretenus (*verbalement*).

Voir à la troisième partie le compte de la Bâtie et la Balme pour les années 1488 à 1491.

Extrait du compte des chatellenies de Saint-Genix et de Cordon.

(Le commencement du rouleau, environ 4 mètres, manque).

Abergements.... Reçu de Jean du Fayard *(de Fago)* alias Billard, de Saint-Genis, 2 sols viennois pour le servis annuel de l'eau et cours de Truyson depuis la maison-forte de Mondragon jusqu'au moulin de Truyson, suivant acte reçu par M⁰ Amédée de Dampierre *(de Dampnopetro)*, notaire. Total des droits sur les abergements : 26 livre 12 sols viennois escucellés.

Le prince avait fait remise d'un droit à vénérable homme, le seigneur Jean Servagi, docteur-ès-lois, conseiller ducal, à raison de ses bons services.

Tailles. — Leur produit est d'environ 40 livres.

Reconnaissances d'hommages a Cordon. — Rien reçu.

Fermes. — Pour la ferme du four de Saint-Genis, 164 florins ; en 1421, cette ferme mise aux enchères, selon l'usage, n'a été louée que 138 florins ; — pour la ferme de la leyde des *manates* du sel (poignées de sel), 12 florins d'or bon poids ; — *ferme* de la leyde du marché de Saint-Genis *(le prix a été indiqué dans la partie qui manque)* ; — *ferme* de la *mestralie* de Saint-Genis, mise aux enchères en deux lots, 8 florins les deux ; — ferme de la sortie ou des issues des bêtes chargées (1), des péage, cridage et tabernage, 19 sols 6 deniers ; — ferme du ban du vin, 7 florins ; — ferme des papiers de la curie de Saint-Genis et Cordon *(greffe)*, louée pour

---

(1) *Firma exitus bestiarum oneratarum ?*

sept ans, à Amédée de Dampierre, notaire, 7 florins par an ; — ferme du moulin et du battoir de la Fuli, 5 sols et une obole (1) ; — ferme du port de Cordon et du port de Chaux *(de Calcibus)*, 15 florins. Ils ne sont pas portés en recette parce le duc a inféodé ces ports à Guillaume de Martel.

Fenaisons *(fenaterie).* — Pour le revenu du pré de Cordon, 9 deniers gros ; des mariés Marguerite de Thouvière et le bâtard de Foras et de divers, à raison d'un denier gros par *cuchon* de foin, 21 florins.

Pêche des étangs d'Albigny. — Elle est inféodée depuis 1356 à François de Longecombe et à ses héritiers, pour un service annuel de 2 florins p. p. et six deniers gros p.p.

Introges. — Pour un *banc* loué au marché de Saint-Genis, 6 deniers gros d'introge. Le trésorier réclame la production de diverses notes d'albergement de bancs, en faveur d'artisans de Saint-Genis, notamment de Martin Dullin, de Saint-Pierre de Ver, pour 1 florin d'or bou poids d'introge et 4 sols viennois de cens.

Laudes et ventes. — Pour une vente au prix de 16 deniers gros, le laod est de 2 deniers gros ; pour une vente au prix de 4 florins, il est de 6 deniers gros.

Adoubement *(adobamentum)* (2) des nouveaux marchands de sel. — L'*adoubement* était comme la constatation de l'aptitude de l'*adoubé* et la patente en vertu de laquelle il avait le droit de vendre. C'est en 1419, dit le

(1) L'obole valait un demi-denier.
(2) Voir notre brochure : *Une patente de Mercier*, dans compte rendu du Congrès de Chambéry, 1890, p. Il y avait donc *l'adoubement* des marchands comme celui des *Chevaliers*.

compte, que pour la première fois ce droit fut exigé à Saint-Genis ; il fut fixé à 4 deniers gros pour chacun (*a quolibet qui de novo efficitur mercator vendens sal apud sanctum Genisium in mercato.*)

Bans concordés.

Reçu de Martin Péchet, tant pour les dommages causés par ses animaux dans les blés de Pierre de Thouvières que pour mépris des peines, *quam pro penis spretis* (1), 3 florins p. p.

Pour dommage semblable dans un pré, 6 deniers gros.

Pour un fait semblable, 3 deniers 1 obole.

De Pierre de l'Ile, pour n'avoir pas présenté ses mesures au temps voulu, 3 deniers gros.

De Georges Catut, pour mépris de bans, commis par sa fille, 3 deniers gros.

De Florimond, *pro penis spretis et commissis*, 6 deniers gros.

De la femme de Jean Mermet, inculpée d'avoir trouvé certain petit sac et de ne l'avoir pas révélé, 6 deniers gros.

De Jean de Billième, dont les fils étaient inculpés d'être la cause d'un incendie dans un bois voisin du château de Cordon (*incendie par imprudence*), 18 deniers gros.

Nombreuses transactions sur le fait d'avoir violé des saisies (frangisse seysinas) ; l'amende varie de 3 deniers à 18.

De Pierre Rovard, pour avoir disposé d'un objet saisi en faveur du prieur de Saint-Benoît (détournement

---

(1) Il s'agit sans doute d'infractions aux bans, par omission ; et par actes, lorsque l'on ajoute les mots *et commissis*.

d'objets saisis) ; de cinq autres ; chacun 3 deniers gros.

D'un qui avait poussé une grosse pierre dans la fontaine de Jean de Foras, 4 deniers 1 obole.

Pour dommages aux récoltes par des chèvres, 3 deniers gros.

Pour passage interdit dans un sentier (*cionetus*), 9 deniers gros.

De Thomas Assuard, pour avoir exécuté certaines lettres apostoliques d'excommunication contre Humbert Avril, contrairement aux statuts de Savoie (*ultra forman statutorum domini*), 18 deniers.

Pour mauvais traitements à une femme, 2 florins 3 deniers gros.

De divers, pour défaut de réparations à un chemin, 4 deniers.

Pour une rixe avec les métraux (*mistrales* percepteurs) de la curie de Cordon, 19 deniers gros.

De Jean des Costes, pour dispute avec une femme (*pro verbis habitis*), 12 deniers gros.

D'autres, pour dispute, 3 deniers gros.

De Jean Tatevin, pour avoir coupé un chêne, 12 deniers gros.

Pour injure aux métraux, 12 deniers gros.

Pour infraction aux coutumes de Saint-Genis, 9 deniers gros.

Pour vol de foin, 9 florins 9 deniers gros.

Pour dommages causés par des porcs, 9 deniers gros.

Pour paroles (discussion) avec le châtelain, 3 deniers gros.

Pour avoir frappé avec une pierre, 4 deniers gros.

De Jean Rigolet qui avait rompu les arrêts dans la ville de Saint-Genis que le châtelain lui avait imposés, 4 florins 1/2.

D'un inculpé d'avoir pris sur l'eau du Guiers un petit bateau? *namottum, nariotum ?*, 18 deniers gros.

Des héritiers de Billet, mort sans testament, payant, suivant la coutume, 2 florins p.p.

De François Servand, pour avoir retiré certaine fille chez lui *(quamdam filiam ad se retraxisse)*, 6 deniers gros.

D'Antoine Gras, pour avoir dit : « *Par le ventre de Dieu et la vierge Marie* », 2 florins 3 deniers gros.

De Jean de Foras, pour avoir dit devant le châtelain : « *Par le sant Dieu* », 9 deniers gros.

De Fabre, pour avoir dit à François des Costes : « Vous aves menes de grosse bove de un à la court ? », 3 deniers gros.

De Jean Comin, *alias* Picard, pour avoir dit à Etienne Poncet : « Tu es chatissimus (ou chatissunus) », 3 deniers gros.

De François Guionnet, inculpé d'avoir dit à Guillemette femme de Pierre Guionnet : « *Tu as vestu un gran lensuel et une gran sacatte de ton mari. Et ca duys en rye par bramant et criant pour ce que je fisse dire des messes pour ma filiastre* » (1), 3 deniers gros.

De Pierre Penot, pour avoir vendu deux fois les mêmes perches de saule, 9 deniers gros.

Plusieurs sont taxés à des amendes de 4, 5 ou 6 deniers pour avoir commis des infractions punies de la peine de 60 sols *(commisisse penam sexaginta solidoram fortium)*.

---

(1) Tu as revêtu un grand drap *(lensu)* et un vieux vêtement de ton mari et parcouru le chemin bramant et criant que je fisse dire des messes pour ma belle-fille.

Bans condamnés *(Banna condempnata.)*

Jean Bouverat avait été condamné par le juge du Bugey, dans ses assises de Saint-Genis, à une amende de 10 sols forts pour avoir caché un harnais de cheval trouvé dans les champs, et ne l'avoir pas révélé au châtelain ni à personne. Rien à percevoir parce que Bouverat est *homme* du seigneur de Gerbaix, qui a sur lui l'omnimode juridiction.

Humbert Blanc avait été condamné, aux mêmes assises, à 60 sols forts pour avoir maltraité certains juifs et commis *certaines peines* (certains faits entraînant telles peines) ; rien à percevoir parce qu'il a interjeté appel. Il devra justifier du résultat de cet appel.

Jean Billard, du mandement des Avenières (arrondissement de Bourgoin, Dauphiné) avait été condamné à une amende de 35 sols pour avoir commercé *(mercandiasse)* avec de la monnaie du Roi (de France) ; rien à percevoir parce qu'il a quitté la terre ducale où il ne possède aucun bien.

Rien à percevoir de divers qui avaient indûment reçu des objets en gage (1), parce qu'ils ont appelé.

Idem de divers condamnés à 25 sols d'amende pour n'avoir pas comparu aux assises sur l'assignation péremptoire à eux donnée de comparaître à raison de certains délits ; ils ont fui la patrie ducale et n'y ont pas de biens.

Idem pour la femme Mistralet qui n'habite pas cette châtellenie et n'y possède pas de biens.

Jean Raymond, de Conzié, avait été condamné à 60 sols d'amende pour avoir brisé la clôture du pré de Fran-

---

(1) On ne pouvait prêter sur gage sans l'autorisation du châtelain.

çois Richarme, y avoir fait entrer ses bœufs qui ont mangé l'herbe et dévasté le pré, avoir frappé François Jacob d'un gros bâton et avoir rompu sa ceinture ; Pierre de Billiat avait dit à Guillermet qu'il mentait méchamment comme un *coleur* et un *chatissumus* ; la veuve de Pierre Chartan n'avait pas clos sa pièce de pré et jardin malgré la prescription des ordonnances (*gridarum formam*), etc., etc.; — rien à recevoir d'eux parce que la plupart sont étrangers et ont quitté le pays ; les autres sont pauvres et errants. Le trésorier enjoint toutefois au vice-châtelain de tâcher d'obtenir d'eux des cautions ou autres sûretés.

Si les villageois ne respectaient pas toujours les saisies, les nobles en faisaient de même. Le trésorier général Jacques de Fistilleu *(de Fistillaco)* (1), avait, à raison d'une dette importante de noble *Guigue de Cordon*, fait saisir par André Rossier, alors châtelain de Saint-Genis, un cheval de combat appartenant à Guigue, et l'avait placer dans la maison des héritiers de Jacques Boularon. Guigue de Cordon enleva le cheval et l'emmena *où il voulut*, et, ainsi qu'il résulte d'une enquête faite à ce sujet, détruisit un bateau avec l'aide de quelques personnes ; il fut condamné à une amende de dix livres fortes (2).

Rien à recevoir parce qu'il y a eu appel ; mais l'appel

(1) *Fistilieu*, localité du département de l'Isère, entre Saint-Genis et la Tour-du-Pin.

(2) Ce Guigue de Cordon était peut-être le père ou le frère de noble Aynard de Cordon qui, en 1433, joua le vilain rôle de conspirateur contre la vie d'Amédée VIII, et de dénonciateur de ses complices. (Mis Léon Costa de Beauregard, *Souvenirs du règne d'Amédée VIII*, p. 96-108.)

ayant été deserté, il est enjoint au châtelain d'exiger l'amende, sinon elle sera portée d'office aux recettes de la châtellenie.

Reçu 10 florins d'amende dus par Ambroise Perrod de Tramonay pour avoir retiré dans sa maison Antoine Paurit et ses complices, qui avaient répandu le vin de huit barils au préjudice de la veuve de Pierre Maître et s'étaient enfuis en Dauphiné.

Reçu 40 sols viennois de Jean de Maudan *(de Malodunno)* pour avoir secoué et jeté à terre Ponette, domestique ou femme du vicaire de Grésin (*pro turpellasse et jacere fecisse ad terram ancillam vel uxorem vicarii Gresini*).

Le trésorier perçoit l'amende de 10 livres à laquelle avait été condamné Jean Ravay, pour avoir géré, sans titre, les biens des enfants mineurs de Pierre de Ruffieu ; cette amende a été mise en *sufferte* pour un an qui finira le 8 juin 1421. Le châtelain devra la recouvrer, sinon elle sera portée d'office dans ses recettes.

Guigue Berthet avait été condamné à une amende de 25 livres fortes pour des fautes passibles de 25 livres, 50 livres et 100 livres. Il quitta le pays en y laissant certains biens dont le clerc de la curie (le greffier) fit inventaire. Ces biens, mis en vente, n'avaient pas trouvé d'acquéreurs. Il est enjoint au châtelain d'en faire évaluer la valeur par des experts et de les vendre.

Les biens de Jean Margot avaient été vendus et adjugés au seigneur *(le duc de Savoie)*, à raison d'une condamnation du temps où Humbert de Coyssia était châtelain de Saint-Genis. L'on n'a rien pu en retirer parce que la dot de sa veuve est appliquée sur ces biens.

CLAMES (la clame était l'ordonnance obtenue du châtelain pour assigner en justice). — Reçu 10 sols viennois.

53

Inventa ? (1) — Reçu pour le compte de trois livrées de terre vendues trois livres, pour lesquelles le droit est de 3 deniers gros, 9 deniers gros.

Echutes.

François Pasques ayant été inculpé d'avoir donné la mort à Pierre Valiard, ses biens furent mis sous la main de justice. Il avait deux maisons, dont une située au Pont-de-Beauvoisin, vingt-deux journaux de terre en dix-huit pièces, six fosserées de vignes, quatre seytorées de bois.

Ses meubles saisis sont les suivants : una situlla (2), una caczola (2), una tribulus (3), unus torsonus (4), unum coquillare perforatum (5), unum coquipendum nemoris in quo est modicum ferrum ante (6), una pista nemoris (7), quidam pectines pro canabo (8) ; due parve arche nemoris quercus (9), una caczola pro brodio (10) ; duo boves, duo porci ultra suem (11) ; una falsis pro pratis (12) unus achonus ferri (13) ; duo dolia continentia quatuor sommatas ; due magne arche, una alia arca nemoris (14), unus saccus et triginta septem instrumenta pergaminea (15) octo lintuamina cum dimidio (16), unum

(1) Ici ce mot ne signifie pas *troucailles*. Il semble qu'il s'agit d'un laod ou *cende*.
(2) Une mesure pour les liquides ; (2) une petite mesure pour les grains ; (3) un traineau pour faire sortir le grain de l'épi ; (4) un écouvillon ; (5) une poêle percée ; (6) une crémaillère de bois ferrée au bout ; (7) un pilon, une poutre ; (8) des peignes pour le chanvre ; (9) deux petits coffres de chêne ; (10) une louche (*cassa* en patois) pour le bouillon ; (11) deux bœufs, deux porcs et la truie ; (12) une faux ; (13) aketo ? un hoqueton de fer ? (14) deux tonneaux de quatre sommées, deux grands coffres et un autre de bois ; (15) un sac contenant 37 contrats sur parchemin ; (16) huit -

gaunsape, quedam troqueyste? ferree (17), sex charrate pallearum, quinque charrate feni tam grossi quam recorsi, unus currus cum quatuor rotis, una carrata munita ferro et aliis necessariis et unus equus pili flavelli (18).

Ces objets ont été mis en vente, mais il ne s'est jamais présenté aucun acquéreur.

Jean Guionnet, homme taillable du duc, étant mort sans postérité, sa succession appartenait à Amédée VIII; le châtelain n'avait cependant rien pu en retirer, parce que les cousins du défunt avaient revendiqué la succession comme ses parents les plus proches ; un procès était pendant à ce sujet à Chambéry, devant le *Conseil résident*. Mais, dit le trésorier, cela ne doit pas empêcher que la succession ne soit recueillie par le seigneur en vertu de la *coutume générale*. C'est pourquoi il enjoint expressément au châtelain, sous peine d'une amende de 25 livres fortes, de vendre la succession de la meilleure manière possible.

Il y a encore cinq autres échutes de biens divers qui ont été mis en vente sans trouver d'acheteurs.

ECHUTES DES USURIERS. — Il n'y en a pas.

LEGS. — Il n'y en a pas.

JUIFS. — Les juifs Lionet Dorier et Jordan de Versoy étaient dans l'usage de payer un impôt d'un florin par an ; ils ne doivent plus ce droit par suite d'une composition obtenue par les juifs demeurant en deçà de la rivière d'Ain.

draps et demi ; (17) une nappe ou une couverture, quelques *troqueystes ?* de fer.

(18) Six charretées de paille, cinq charretées de foin et regain, un charriot à quatre roues, une charrette ferrée avec ses accessoires, un cheval à poil jaunâtre.

Don pour le rachat des offices. — Les habitants et les communautés des mandements de Saint-Genis et de Cordon, s'étaient engagés à payer, en sept ans, 800 florins ducats d'or, pour le rachat des offices en Savoie. Ils avaient payé à *Martin de Chaux*, alors trésorier général de Savoie, 200 florins, et autant à *Luquin de Saluces*, chevalier, châtelain (de Saint-Genis). Quant au surplus on ne peut le réclamer parce que le duc a permis aux habitants de retenir sur ce ce don une somme de 300 florins pour la construction d'une halle (*pro factura Ale*), laquelle a été édifiée convenablement, et que les 200 autres florins doivent être employés aux fortifications de la ville (1).

Total de la recette : 380 florins.

Dépenses.

Pension de l'abbaye d'Hautecombe. — Payé à l'abbé et aux moines leur pension annuelle dans la châtellenie de Saint-Genis, établie sur les revenus du péage de la ville, pour l'annuité commençant à la Noël de 1422 : 50 florins d'or p. p., suivant reçu de frère Jean Rosse, mistral de Méry, ou Meyrieu (*Meyriaci*) (2).

La chapelle du duc a Saint-Genis. — Livré 15 florins à D. Jean Laurent, prêtre serviteur (desservant) de cette chapelle ; — à frère Antoine Cassonay, *alias* Grillon, sacristain (du prieuré) de Saint-Genis, desservant de l'une des quatre chapelles fondées par le comte Aymon de Savoie, 15 florins. Reçu fait par François Mistral, notaire.

(1) Cela fait 900 florins et non 800 seulement.
(2) *Méry*, au nord de Chambéry ; *Meyrieu*, au midi de Bourgoin.

Le châtelain déduit de son compte l'argent qu'il a versé, les blés, les poules et les chapons qu'il a remis avec diverses autres choses à Jean Servais, docteur ès droits, conseiller ducal ; 50 florins p.p. qu'il a donnés au prieur et aux moines du prieuré de Pierre-Châtel, fondé par le comte Amédée. Cette redevance avait été constituée sur les revenus de la châtellenie de Saint-Genis en compensation du produit des prés que le prieuré possédait à Virieu-le-Grand, et qui avaient été donnés au prince d'Achaïe. Le reçu émane de frère *Jean Placenti*, prieur, le 29 janvier 1422. Il déduit encore 25 florins pour son salaire de l'administration des châtellenies *unies* de Saint-Genis et de Cordon ; — 68 florins et 8 deniers livrés à *Jean Lyobard*, clerc des dépenses de l'hôtel de la duchesse de Savoie, suivant reçu signé par ledit Lyobard, à Thonon, le 6 octobre 1421 ; — 19 florins 7 deniers gros, livrés à *Barthélemy de Raczepto*, trésorier général de Savoie, soit à Jean Lyobard, son vice-gérant.

Total de l'argent livré ou alloué : 328 florins ; et, après une autre imputation, il se reconnaît débiteur de 16 florins 11 deniers.

Extrait d'un compte rendu de la chatellenie de Seyssel, vers 1410.

Suffertes. — De quatuor libris gebennensibus in quibus Jaquemetus Columbeti de *Putieris* mandamenti Sesselli fuit condempnatus per judicem Beugeysii de mense decembris anno dni M° CCC° LXXVII° pro eo quia dictus Jaq. Columbeti quamdam ronciniam oneratam caseis dicti cheyrier de *Boceri* supra Dorchiam, in via publica ceperat et ad domum de Sillans reduxerat. — *Item* aliis 4 libris geb. in quibus Petrus de Verreria famulus domus de Sillans fuit tunc per dominum judicem condempnatus quia capras illorum de Monte-Alliodo ceperat et ad dictam domum de Sillans reduxerat et se familiarem curie fecerat. — Non computat quia Dominus dictam condempnationem posuit in sufferta non recuperandi usque ad ejus beneplacitum.

Clames. — De inventis clamis que locantur apud Seyssellum ubi levantur pro qualibet clama sex denarii geb. nichil computat, quia includuntur in firma mistralie Sayselli.

Il en est de même des *clames* à Dorches (1).

Investitures ; echutes ; echutes des usuriers. — Il n'a rien été perçu.

Changements *Mutagia*. — Rien reçu. Injungitur castellano iterato et expressius quod alia mutagia seu placita eidem domino debita, tam occasione mortis felicis recordationis domini nostri comitis ultime deffuncti

---

(1) Dorches, village et château de l'Ain, à une lieue N. de Seyssel ; Mont-Alliod est au-dessus.

quam aliter quovismodo, de quibus in computis precedentibus non fuit computatum a debentibus eadem quod licet in decimo quinto computo precedenti, in quo dicitur inter alia quod Bartholomeus de Castellione debet unum obulum auri, fuit iniunctum quod mutagia debita ob mortem recolende memorie domini Amedei quondam comitis Sabaudie ac patrem domini nostri comitis moderni (1) recuperaret taliter quod de ipsis in tresdecimo computo precedenti computasset, in quo computo dixit locumtenens tunc ibidem quod Petrus Monchionis de Gebennis, receptor Regichiarum, ibidem de et pro ipsis mutagiis receperat a personis particulariter nominatis in undecimo computo precedenti de anno D^{ni} 1387 ascendentium ad xxvii libras, vi solidos geb. et iii ob. auri et unam marcham cum dimidia argenti, de quibus Petrus Monchionis nisi computaverit domino computare debebat. Et si que alia mutagia debeantur ibidem recuperavit idem Petrus Monchionis ut dicitur in computo precedenti.

DÉCOUVERTES. — De inventis nichil computat quia nichil inde recepit per tempus de quo computat, ut dicit et suo asserit juramento.

VENTES. — Item reddit computum quod recepit a se ipso de et pro precio decem novem panum per ipsum ut supra debitorum et sibi venditorum; quolibet pane quatuor denarii gebenn. more solito : VI solidi IIII denarii grossi.

Pro pretio trium pullorum, quilibet duobus den. gebenn., more solito, VI denarii grossi.

Pro pretio duorum membrorum porci (*jambons*), pro quolibet membro, VI den. geb., XII denarii grossi.

(1) Amédée VII, comte de Savoie, père d'Amédée VIII, le comte régnant.

Summa totius Recepte : XXXV libre viennenses escutelate, VI denarii grossi.

XXIX lib. IX solidi V denarii gebenn.

CVIII floreni 1 denarius grossus parvi ponderis.

IIII^{xx}1 flor. III d. g. boni ponderis.

III obuli auri.

de quibus :

LIBRAVIT in operibus et reparationibus castri dni Saysselli prout infra, videlicet :

Pro emptione duorum milliarum scindulorum per Philippum de Ravoyria locumtenentem dicte castellanie, em:pti *(sic)* et prout infra implicati, quolibet milliari pretio trium denariorum et obuli grossi, VII denarii grossi.

Pro pretio duorum milliarum claviorum, pretio trium denariorum et quarti unius den. grossi, VI denarii grossi.

Et quos scindulos et clavios Petrus Nicolerii carpentator, burgensis Saysselli, posuit et implicavit in coprendo et repatinando ? tectum supra magnam aulam castri Saysselli a parte occidentis. — (Salaire du charpentier, 1 journée, 11 deniers gros.)

Au même, pour la construction *unius latrine, seu necessarie, facte de novo in turre anguli dicti castri que erat totaliter destructa et rupta...* In cujus confectione, idem carpentator posuit et implicavit duos bochetos quercus pro sustinendo et situando dictam latrinam ; *item* sex postes sapini ; *item* scindulum et claverium et aliam ferraturam pro dicta latrina necessariam complendam. — Le tout suivant la tâche à lui donnée (prix-fait) pour 2 florins et demi p. p., par acte du notaire Jacques de la Grange, du 27 janvier 1408.

... Indication d'un mandat de paiement délivré par le seigneur Jean Servagii, docteur-ès-lois.

(*Le reste manque*).

TROISIÈME PARTIE

Franchises de Chaumont en Genevois
et compte de cette chatellenie en 1458.

Le petit bourg, aujourd'hui simple village de Chaumont en Genevois (canton de Frangy), possédait, au xiii° siècle, un château important situé au bas du Mont-Vuache, et commandant la route qui conduisait à Genève. Suivant l'habitude, une ville *(villa)* s'était bientôt formée aux pieds du château. En 1310, l'agglomération était déjà assez importante pour que les habitants du bourg, régis jusqu'alors par les lois générales et les coutumes, désirassent obtenir à leur tour les *franchises et libertés* sans lesquelles les communautés urbaines et rurales ne pouvaient se développer et s'agrandir. Les aspirants bourgeois avaient dû, au préalable, se procurer les cent livres genevoises nécessaires pour la concession qu'ils sollicitaient.

Les franchises de Chaumont furent, à forme de patentes données au château d'Annecy le 18 août 1310, accordées par *Agnès de Chalon*, comtesse de Genevois, veuve d'Amédée II, et par son fils Guillaume III (1). Elles ne contenaient pas d'au-

(1) *Mémoires et documents* de la Société savoisienne d'histoire et d'archéologie, t. XXIII, pages 215, 348, 353, 393, 397 et 414. Les franchises de Chaumont furent renou-

tres dispositions que celles des constitutions du siècle précédent dans les diverses localités de la Savoie, du Genevois, du pays de Vaud et de la Bresse. Cependant beaucoup d'articles y sont plus développés. Parmi les témoins de la concession on compte trois jurisconsultes : *Jacques Exchaquet, Hugues de Droisy* et *Pierre de Meyria*. La compilation des franchises de Chaumont est sans doute leur œuvre. Il est vraisemblable que ce travail leur avait été demandé, moyennant salaire, bien entendu, par les habitants. Et de fait l'on voit que les compilateurs de la franchise se sont appliqués à éviter le style sybillin des premières chartes et à fournir une rédaction claire et suffisamment détaillée, de façon à prévenir les difficultés que le laconisme des franchises précédentes avait fait naître.

Malheureusement, pas plus que leurs prédécesseurs, ils n'en ont rangé les dispositions en ordre

---

velées le 14 janvier 1396, dans l'église du bourg, par Humbert de Villars, comte de Genevois ; — par Amédée VIII, comte de Savoie, au prix de 20 florins d'or p. p., le 7 juillet 1407 ; — par Janus de Savoie, petit-fils d'Amédée VIII, le 17 juillet 1470, le 12 janvier 1478 et le 7 mai 1491 ; — le 24 mai 1492 par Blanche, duchesse de Savoie, tutrice de son fils Charles-Jean-Amédée ; — en 1496 par Philippe, duc de Savoie ; — en 1498 par le duc Philibert ; — en 1507 par le duc Charles III ; — enfin, en 1526, par Philippe de Savoie, duc de Nemours, premier de la troisième et dernière série des comtes ou apanagés du comté de Genevois.

bien méthodique. Souvent elles viennent les unes après les autres, comme au hasard.

Nous avons parlé plus haut de l'impôt des *manates* ou des *poignées de sel*. On comprend que la façon de le percevoir en puisant dans le sac avec une main ou avec les deux mains, devait être assez peu uniforme ; aussi l'on établit à Chaumont que le sel serait pris avec une cuiller de fer d'une capacité fixée par le châtelain et par les syndics du bourg *(ad quoddam coclear ferri)*. Les aunes pour les draps et les toiles, ainsi que les mesures pour les grains, doivent être marquées du signe de l'officier public.

Personne n'ignore que le seigneur avait, aux jours de foire ou de marché, le droit de faire visiter l'étalage de chaque cordonnier et d'y prendre, une fois l'an, une paire de souliers. L'on avait admis, dans les franchises, que le cordonnier pourrait soustraire à l'exacteur deux paires de souliers dont il tiendrait chacune dans une main lorsque la perception se ferait. Cette bizarre coutume est maintenue, mais au lieu de dire, comme à Rumilly (art. 21) : *quilibet sutor debet accipere in manu qualibet sotulares, et post receptam laidam quales voluerit accipiat*, on consacre six lignes à donner un texte tout à fait clair.

La participation des jurisconsultes se voit aussi avec évidence dans l'article où il est déclaré que :
« s'il se rencontre dans ces statuts quelque doute
« ou obscurité, ce doute sera dissipé par deux

« prud'hommes décidant en contradictoire de per-
« sonnes choisies par le comte et résolvant ainsi
« pacifiquement la difficulté. »

L'influence bienfaisante des légistes se manifeste d'une façon plus importante encore dans la création d'un corps de quatre *prud'hommes-syndics*, nommés par les bourgeois jurés de Chaumont, le 1ᵉʳ janvier de chaque année. Ces syndics devaient être présentés à l'acceptation du châtelain ; ils étaient toujours rééligibles, et, en compensation des charges que leurs fonctions leur imposaient, avaient droit à certaines immunités.

Les franchises établissent, d'autre part, quatre portiers dont les fonctions consistent à garder le bourg, qui, depuis quelque temps sans doute, était entouré d'une muraille, à fermer les portes, à les surveiller nuit et jour, poser les sentinelles, et faire des patrouilles s'il en est besoin. Ils recevront une indemnité de deux deniers pour chaque patrouille et auront le droit de choisir le premier ou le dernier des animaux qui entreront dans la ville à chaque entrée des forces du seigneur ? *(de omni guerra Domini intrante).*

Un autre employé de la communauté est le *crieur du vin*.

Le châtelain avait, de son côté, pour l'exécution des mesures de police et de justice, ses familiers ou *gâtepain* (gastapani vel familiares, p. 224).

On remarque, au cours des Statuts de Chaumont, quelques dispositions d'un esprit vraiment libéral. C'est ainsi que les procès des pauvres, des veuves et des orphelins, dont l'importance ne dépasse pas cent sols, devront être jugés, sans frais, par le châtelain assisté des prud'hommes (1). Toutes les infractions prévues aux franchises seront examinées avec le conseil de trois ou de quatre prud'hommes, et appréciées suivant la fortune du délinquant, son âge et son degré d'intelligence.

Le principe de l'immunité accordée à la légitime défense est appliqué largement, trop largement même dans le cas d'adultère. Les franchises disposent, en effet, que le mari ou le père de la femme, s'ils la trouvent seule avec un homme dans un lieu suspect et où ils ne devraient pas être, peuvent arrêter l'homme et le frapper, mais non jusqu'à le tuer *(et percutere sine occisione)*, s'ils n'ont d'autre moyen de le retenir afin de le livrer à la justice.

Loin d'ailleurs de répéter la disposition des anciennes franchises disant de faire courir les deux adultères, nus, dans la ville en les fouettant (2),

(1) Cette sage disposition n'est pas spéciale à Chaumont. On la rencontre d'autres fois.
(2) Evian, art. 12, et franchises de Bagé, 1250 : *Deprehensique in adulterio ambosimul nudi per villam fustigentur; vel dedecus suum redimant, si maluerint, sexaginta solidos.— Pro adulterio sexaginta solidos nobis retinemus aut trotabuntur per villam si dictam penam voluerint evitare.*

celles de Chaumont exigent, pour la poursuite de ce délit, de bons témoins, et condamnent le dénonciateur à la peine du talion, c'est-à-dire à une amende de 60 sols, s'il succombe dans l'administration de la preuve mise à sa charge.

Le droit d'*échute* appartenant au seigneur est presque abandonné. En effet, après avoir rendu habiles à recueillir les successions *ab intestat*, des parents assez éloignés, *filii proximiorum*, le Statut exige que, s'il n'y a pas d'héritiers, il soit fait un inventaire des biens du défunt et que ces biens soient conservés intacts pendant un an, afin de les remettre en entier aux héritiers s'il s'en présente. S'il ne s'en présente pas, le châtelain et les syndics en feront une aumône, c'est-à-dire une œuvre pie ou charitable, et s'il en reste quelque chose, on le divisera en deux parts, dont l'une appartiendra au prince et l'autre sera employée à l'entretien des ponts et des chemins.

En 1470, Janus, comte de Genevois, renouvela les franchises de Chaumont et y ajouta diverses dispositions, après mûre délibération, dit-il, et parce que c'est son bon plaisir, *etiam quia sic fieri nobis placet* (1). Il s'y efforce d'assurer la liberté des foires et la sécurité des marchands qui y vendront. Il paraît que les *rois* des divers métiers s'attribuaient le pouvoir d'arrêter dans les

(1) C'est ici, disent MM. Dufour et Rabut, la première apparition de cette formule.

marchés les artisans de leur juridiction, lorsqu'ils avaient des griefs contre eux. La nouvelle franchise le leur interdit ; « qu'aucun des *rois* des cordonniers, des pélissiers, des bouchers ou de tout autre métier n'ose venir à Chaumont pour y arrêter quelque personne ou poursuivre un débiteur à raison de ces offices de *royautés de métiers.* »

Les foires étaient donc comme un lieu d'asile momentané pour les débiteurs.

Le manuscrit du compte de Chaumont, déposé aux Archives départementales de la Haute-Savoie, est incomplet. Sur les 86 feuillets dont il se composait il manque les 25 premiers, ainsi que le feuillet 73. Il est écrit sur grand et beau papier de 0,40 centimètres de haut sur 0,30 de large (la feuille de 2 pages). Le *filigrane* représente une tête de vache, mais avec les cornes hautes et relevées presque verticalement.

De diverses énonciations du compte il semble que Janus de Savoie, troisième fils du duc Louis, titulaire du comté de Genevois depuis l'inféodalité qui lui en avait été faite à Chieri, le 13 février 1460 (1), avait fait procéder récemment, par ses commissaires d'extentes, à la reconnaissance des servis féodaux qui lui appartenaient dans la vaste châtellenie de Chaumont, laquelle remon-

---

(1) Le comté lui fut remis, le 27 septembre 1463. (F. Mugnier, *Répertoire de titres et documents*, p. 67.)

tait assez haut, au nord, le long de la pente orientale du Vuache, et s'étendait au couchant, dans la Semine, jusqu'au Rhône. Elle comprenait, du premier côté, les communes situées à droite et à gauche du Fornant (1) : Contamine, Marlioz, Chavannes, Minzier, Epagny, Jonzier, Savigny, Dingy-en-Vuache; la paroisse de Musiège, toute plantée de vignes, au midi;—au couchant : Chessenaz, Vanzy, Clarafond, peut-être Arcine et Eloise, et des deux côtés tous les hameaux gros et petits existant aujourd'hui dans le canton de Frangy, qui étaient déjà formés au XV° siècle, et, sans doute, depuis une époque bien plus reculée.

Le compte a été reçu par *Annemond Girard*, qui en est aussi le rédacteur et dont les honoraires ont été, confection, réception, fourniture du papier comprises, de 29 florins p.p. *(incluso uno floreno pro religatione et papiro dicti computi qui continetur in quadraginta duobus foliis magne forme papiri).*

L'office de châtelain appartenait en 1458-1459 à Aymon et Jacques de Viry; leurs honoraires sont de 25 florins p.p. par an. Ils avaient eu pour vice-châtelain, jusqu'en 1450, N. Jean de Foras, auquel avait succédé Amédée d'Epagny (2). Ce

---

(1) C'est-à-dire du *Gros Ruisseau.*
(2) Libravit sibi ipsis Aymone et Jacobo de Viriaco, castellanis predicte castellanie officii Calvimontis capientibus

dernier était en même temps lieutenant (1) des trésoriers généraux de Savoie, Gabriel de Cardone et Humbert Fabri ou Favre.

viginti quinque florenos p.p.— Recepit ab se ipso *Johanne de Forasio*, olim vice-castellano ante ipsum Amedeum de Espagnaco, modernum vice-castellanum, 86 florenos quos ipse nobilis Johannes debebat pro remanentia arragiorum dicte castellanie anni 1450.

(1) On lit, plusieurs fois,... *manu nobilis Amedei de Espagnaco eorum locumtenentis.*

Analyse du compte de la chatellenie, soit du mandement de Chaumont, pour 1458-1459.

La première recette indiquée dans les soixante dernières pages du compte est celle de la *cire ;* y compris les recettes énumérées dans les pages précédentes, la quantité de *cire* livrée au receveur a été de 38 livres.

Parmi les noms des débiteurs de cette redevance, nous relevons : *Pierre de la Maladière, Jean de Casalibus, Aymonet de Cabanis ;* ils sont ainsi nommés parce que l'un habite près d'une *maladrerie,* l'autre aux *Granges,* le troisième aux *Cabanes.* Nous trouvons aussi : feu Henri, bâtard d'Epagny (1).

Après quelques articles de recette des *pailles,* vient la recette des *deniers de cens.* Elle forme plus de trois cents articles dont le total s'élève à 50 livres 14 sols 3 deniers genevois (2).

Suivent :

Les *tailles* dues au terme de Pâques, en 150 articles, produisant 54 livres 5 deniers 1 obole et 10 florins p.p.

Les droits de *messeleries* et de *reydes* (de reydis), payés en argent; 12 deniers gros en tout. Les redevances en nature sont sans doute énumérées dans la partie manquante du compte.

(1) Il s'agit vraisemblablement pour ce nom et celui du vice-châtelain, d'Epagny en Vuache, et non d'Epagny près d'Annecy.
(2) On disait en Genevois, des sols, des deniers genevois, comme en Bresse des sols *mâconnais ;* à Saint-Genis, des sols *viennois ;* dans le Bas-Valais, des sols *mauritiens ;* dans le pays de Vaud, des sols *lausannais.*

Les *corvées*, à raison de 5 deniers, et parfois de 10 et 12 deniers par animal tirant au char ou à la charrue *(trahentes ad carrucam)*. Il y a des *hommes* qui doivent la corvée deux fois l'an, d'autres trois fois. Il résulte du compte que ce servis féodal ne se payait plus en nature, mais en argent. La perception s'élève à 13 livres 15 sols 5 deniers.

Les fermes. — Celle du *four* de Chaumont mise aux enchères et adjugée au plus offrant, rend 2 florins p.p.

La ferme des *langues de bœuf et de vache*, à Chaumont seulement, est de 9 sols 9 deniers.

La ferme des droits de *tabernage* (auberges et cabarets), 54 deniers gros.

La ferme du *grand* et du *petit péage* de Chaumont, 23 livres gen. Le fermage en avait été concédé, à Rumilly, le 7 février 1450, par le duc Louis, suivant lettres signées *Floret*.

La ferme du *gros péage*, droit de 2 deniers pour chaque *grand* cheval passant à Chaumont chargé de drap de futaine, et pour chaque balle de laine transportée, 4 florins p.p.

La ferme de l'*usage de l'eau* à Chaumont, 4 sols gen.

Celle du moulin, du battoir et du foulon de Thiollaz (1) 30 coupes de froment et 2 florins p.p.

Meneydes. — Reçu de 15 personnes, 3 sols 6 deniers.

Garde en argent (garde pecunie, de garda perpetua). — Reçu de 61 personnes des sommes variant d'une obole (demi-denier) à 12 deniers 19 sols 5 deniers.

Suffertes des hommages, 19 sols 5 deniers. Parmi

---

(1) Localité au midi de Chaumont, sur la rive droite de Fortnant ; il y a là une petite gentilhommière en bon état.

les payants : François de Verboux, d'Eloise ; D. Jean d'Eloise, recteur de la chapelle de D. Rodolphe Gavard.

Avoinerie en argent. redevances d'avoine ; reçu de 33 personnes, 20 sols 2 deniers 1/2.

Toises des maisons. L'unité n'est pas indiquée. A Chaumont, reçu de Jean Regis (ou Rey), notaire, 2 deniers ; de Claude Reymond et Jean Juglard, 14 deniers 1 obole ; d'Isabelle d'Epagny, Jean et François, fils de feu N. Reymond de Gillier, et d'Anglesca, sœur d'Isabelle, 6 deniers.

Agnellage (de agnellagio quod levatur ibidem in et super omnibus mutonibus qui veniunt ad yvernandum ibidem (*à Chaumont*). Rien ; il n'en est pas venu.

Orpaillage. — De orpellagio domino debito aurum in flurio Rodani a quibus lavatur, pro qualibet tabula, 4 denarii gebenn. — Le droit imposé aux orpailleurs était donc de quatre deniers pour chaque planchette par eux employée. Il n'a pas été fait de recette l'année du compte. Les orpailleurs du Chéran et du Fier travaillent encore avec la planchette et gagnent de trois francs à cinq francs par jour, mais ils ne payent pas patente.

Laudes et ventes. — Cet impôt est du sixième. Reçu pour un échange estimé 6 florins, 6 deniers ; pour un achat de 30 sols. 5 sols. Il avait donc augmenté depuis le siècle précédent, et il est resté à ce taux du sixième jusqu'au XVIII siècle. (Voir Bailly, *Traité des laods.*)

Bans concordés. — Ils sont tous motivés pour peines méprisées, *pro penis spretis*, sauf trois : pour injures au servant général *(serviens generalis*, espèce d'huissier notifiant les ordonnances ducales ou judiciaires dans tout le pays). 13 sols et demi ; pour avoir posé la main sur lui, 3 florins et demi p.p.; pour avoir labouré un peu de la terre d'autrui [sans permission], 9 deniers; nombreuses transactions; total : 39 sols et 3 florins (1).

Bans condamnés. — Il n'y a pas eu d'assises durant l'année du compte. On lisait dans le compte de 1458 qu'elles avaient été tenues, à Chaumont, le 22 novembre 1457, par vénérable et égrège Bertrand de Dérée, docteur ès droits, vice-juge-maje.

Bans condamnés arréragés. — Il y en a environ 35 ; ces affaires sont en appel ou bien la sufferte est prolongée.

Mutage ou *plait.* — Ce droit est perçu d'un grand nombre de personnes parmi lesquelles... dans le livre des nobles, *in libro nobilium :* N. Amédée de Viry, chevalier, et Jeannette de Lullier, sa femme, pour 10 sols ; — Jeanne de Grolée et François, Jacques et Antoine de Verbouz, ses fils (2) ; N. Amédée et Aymon de Menthon, Marguerite et Jacquemette, filles d'Aymon de Lullier, chevalier, leurs femmes; spectable et vénérable Galleache (Galéas) de Sallenove (*de Aula noca*), seigneur de ce lieu et de Jarsagny ; celui-ci pour 4 livres.

Charriage, droit dû une fois par an consistant en la fourniture d'un char à une bête avec un sac et une corde; il est payé en argent par plusieurs centaines de personnes, sauf à Chaumont.

---

(1) Béatrix, veuve de Gros Jean, paye 5 sols pour avoir pris possession d'un cellier sans que le seigneur ait été mis en mesure d'user du droit de préemption, *quia intracerat possessionem cujusdam subturni absque retentione Domini.*

(1) Verbouz, château entre Clarafond et Arcine, à l'ouest du Vuache.

Bâtiment. De bastimento forinagio? debet quilibet focus habens gallinas et pullos in dominiis et in calvomonte tradere gallinas pro quatuor denariis et pullos pro duobus denariis geben. (1) contributione operum castri, sequentibus bandieram et debentibus cavalcatam domino per personas inferius particulariter nominatas secundum extentas et extractum earumdem.

Ce droit de *bâtiment* et de *forinage* consistait dans l'obligation de contribuer aux réparations du château et à obéir au ban de la cavalcade en quittant la paroisse pour se rendre au lieu de la revue ou montre, ou même aux expéditions militaires du seigneur et sous sa bannière. Les femmes et les filles étaient soumises à l'impôt de réparation; les hommes seuls, et lorsqu'ils avaient été reconnus aptes, allaient à la cavalcade. Ce *forinagium* pouvait correspondre au *foredium*, soit à l'obligation des taillables de transporter les denrées pour l'entretien des hommes allant en expédition (2).

Parmi les assujétis nous voyons un petit noble : noble Jean de l'Orme (*de Ulmo*) *alias* Rigot.

Il n'y a rien eu sous ce rapport en 1458.

Le compte indique ensuite quelques recettes et divers emplois en paiements. Le vice-châtelain a acheté pour lui : trois gerbes de paille (meules) au prix de 4 deniers l'une, suivant l'habitude, *more solito*, 12 deniers ; —

---

(1) On ne comprend pas bien pourquoi ce droit du seigneur d'acheter poules et poulets à un prix fixé à l'avance est indiqué ici. Si l'impôt du bâtiment et la cavalcade étaient dus par chaque *feu* ou famille, ayant poules et poulets, personne, certainement, ne devait y échapper.

(2) Voir ce que nous avons dit du *foredium*, aux *Mémoires* S. S. H., t. XXIX, p. xxxv.

neuf pains et la moitié du tiers d'un pain d'*avoine*, à 4 deniers l'un, *more solito*, 3 sols, 3 deniers et quart.

Il a reçu l'arrérage dû par l'ancien vice-châtelain, N. Jean de Foras.

Total de toute la recette, 154 livres 10 sols, etc., et 136 florins, 4 deniers, etc.

Il a été livré à vénérable Jean Albert, procureur (et sans doute confesseur) de l'abbaye de Bonlieu, à Sallenove, le revenu de 60 livres données à cette abbaye par le comte Pierre de Genève sur la leyde de Chaumont, 5 florins p.p. Payé à noble homme Humbert Fabri, trésorier général de Savoie, aux mains de N. Amédée d'Epagny, son lieutenant, suivant reçu donné à Montmélian par ce dernier. le 30 septembre 1458, 312 florins p.p.

A déduire des recettes 9 deniers gros qui étaient dus par Pierre de la Fontaine, de Minzier, et dont le comte a fait remise pour trois ans, parce que la maison et le mobilier du débiteur avaient été incendiés par la foudre.

Sont alloués les frais d'Aynemond Girard, qui a dressé et reçule compte, 29 florins p.p.; — les frais de change et de conversion des monnaies, 7 florins 6 deniers.

On cite encore des paiements faits par N. Jean de Foras aux anciens trésoriers de Savoie, Humbert Fabri et Jacques Meynier(1); et le vice-châtelain ajoute la somme de cent florins dont il a répondu auprès de *Jean de Liga* pour l'épicerie de l'hôtel, *pro espiceria hospitii*. Humbert Fabri, successeur de Gabriel de Cardone, avait biffé cet article de crédit; mais le duc de Savoie en a

---

(1) C'est le *Jacopo Maineri* indiqué par Cibrario; *loc. cit.* p. 167.

ordonné le rétablissement, par lettres données à Chieri le onze décembre 1459.

Dans une dernière page, le vice-châtelain se débite du prix des blés et des denrées par lui perçus dans la châtellenie et qui lui ont été vendus le 27 novembre 1459, par François Burgie, devant la Chambre des comptes. Il y a 19 coupes de froment, etc. ; 7 gerbes de froment valant chacune un demi-quart de froment ; 165 coupes d'avoine à 5 deniers et 1 obole la coupe ; trois *ras* et demi d'avoine ; 9 sommées, un seitier et le douzième d'un baril de vin à 23 deniers 1 obole et le tiers d'un denier, la sommée ; 38 livres de cire, à 3 deniers la livre.

La balance des recettes et des dépenses le laisse débiteur de 12 florins, 4 deniers, 3 quarts, etc., dont il répondra dans son prochain compte.

Nous avons, à la première page de l'analyse du compte de Chaumont, signalé le droit de *reydes*. On ne trouve dans *Ducange*, qui puisse s'y rapporter, que le mot RAYDA, *clamor excitans ad injiciendum manus in aliquem*, ou encore *incursio militaris*.

Dans le premier sens, la *reyde* aurait été le droit à payer pour obtenir l'arrestation de quelqu'un.

Prénoms de femmes du compte de Chaumont.

Alexia............		Jacquemette.......	
Aloysia,..........		Isabelle..........	2
Andrée...........		Jeanne...........	
Anglesca (Angelise).		Jeannette.........	7
Ayma............	2	Leta (Joyeuse).....	
Béatrix...........	2	Louise...........	2
Claudia...........	2	Marguerite........	
Etiennette........	2	Nicolette..........	
Françoise.........	5	Péronnette........	12
Henriette.........		Rolette...........	2
Hugonette........	2		

Deux paysans se nomment *Théobald*; un autre, *Amoudruc*; le premier de ces prénoms a disparu du pays, le second est devenu un nom patronymique sous les formes : *Amoudru* et *Mudry*.

On trouve dans le compte : *D. Jean Gallian*, recteur de la chappelle de N.-D. dans l'église de Clarafond ; — *D. Jean d'Eloise*, recteur de la chapelle de D. Jean Gavard, dans l'église de Savigny; — Nobles *Pierre de Mote, François de Verboux*, d'Eloise ; — *Pierre des Vignes, Jean Vidomne.* — Rodolphe Moynot et Jourdan Regis, notaires à Chaumont.

QUATRIÈME PARTIE

Compte de la chatellenie de la Batie et de la Balme pour les années 1488 et 1491.

Le châtelain titulaire est noble *Pierre de Lornay*, nommé pour une durée de six années par Janus de Savoie, comte de Genevois, baron de Faucigny, etc. Il a pour vice-châtelain N. *Jacques Suchet*, d'Annecy, qui est le véritable gérant de la châtellenie, car lui seul répond de la gestion. En effet, il n'entre en exercice qu'après avoir été cautionné par nobles Jean Monon et Jean du Frêne. Les deux comptes, bien que séparés par celui de l'année 1489, que les Archives d'Annecy ne possèdent pas, sont rendus l'un et l'autre devant noble et égrège *Eustache de Crantz*, maître et auditeur de la Chambre des Comptes, par Thomas Lambert, clavaire de la Chambre.

Le préambule des deux comptes est le même aussi. Le châtelain et son lieutenant y jurent d'accomplir fidèlement leurs fonctions, de tenir le château en bon état, aux frais du seigneur, mais avec modération, et de rendre compte devant la Chambre des Comptes chaque année, le 21 janvier.

Il leur est formellement rappelé qu'ils doivent conserver l'honneur de Dieu en faisant observer le Chapitre III, *des Blasphèmes*, contenu aux Statuts de Savoie ; la terreur salutaire inspirée par la loi était grande, car les deux comptes ne signalent aucun délit de cette espèce.

Les recettes, quant à leur nature, sont les mêmes qu'en 1367-1370. Cependant, si les droits féodaux restent immuables, ils produisent moins. Ainsi l'on ne trouve pas de preneurs pour la ferme des leydes des foires de la Balme.

La chapelle fondée par les comtes de Genevois reçoit les mêmes redevances de froment et de cire. Ensuite de la résignation du rectorat de cette chapelle par D. Antoine Gappet, chanoine de Lausanne (1), Janus de Savoie institue en son remplacement, le 31 janvier 1484, D. Amédée de Langin, de Pringy, qui, en 1489, et suivant l'usage, afferme son bénéfice à un prêtre moins favorisé que lui.

Le châtelain, ou plutôt celui qui rédige le compte, ne prend plus la peine de citer les noms des taillables et censitaires, ni le lieu de leur habitation ; ordinairement, il n'indique que le total de chaque espèce de recettes.

La recette du froment est de 70 coupes (2).
Avoine 48 coupes. Avoinerie 12 coupes.

(1) Le pays de Vaud appartenait alors au duc de Savoie.
(2) La coupe, dit le compte, vaut 2 bichets ; le bichet vaut 2 *quarts* ou *ras* ; le ras vaut 4 *quartes*. Le *quart* est ainsi la quatrième partie de la coupe ; la quarte en est la seizième.

Avoinerie des affouagistes de la montagne de Mandallaz : rien, semble-t-il, parce que les comtesses Blanche et Mathilde de Boulogne ont prescrit de vendre le bois de cette montagne.

Le garde-bois est appelé, ici, *le forestier*, et le sautier est devenu un simple exacteur de redevances.

Les *prés* ne fournissent pas de récolte parce qu'ils ont été loués à prix d'argent.

Vin. Il y avait environ 100 fosserées de vignes d'une part, et 28 d'une autre. Le vin était divisé par moitié entre le Seigneur et les paysans qui travaillaient les vignes. Actuellement elles sont albergées; celles de 28 fosserées pour un servis perpétuel de 12 sols genevois, et celle de 100 fosserées, pour un cens de 41 sols et 6 deniers.

Noyaux, 2 quarts. — *Gardes* (1), 36 livres genevoises.
Gingembre, une livre. — *Langue des bœufs* ; — *Agnellage*, rien.

Cens, 41 livres 11 deniers. *Nouveau servis*, 6 den.
Tailles, 21 livres.

Fermes. Ferme de la *leyde* de la foire du premier lundi après Toussaint, expédiée à Claude Goddet devant *Nicod de Lommay*, curial et notaire de la Balme, pour 8 deniers gros p.p. Ferme du *droit* d'un denier à exiger aux foires, de chaque marchand vendant sur un banc; personne ne s'est présenté pour l'amodier.

Ferme du *four* de la Balme, 25 sols. Plusieurs fois on l'a mise aux enchères sans trouver preneur.

Les habitants ayant cependant continué d'y faire du pain, il est enjoint au châtelain de recouvrer le droit,

---

(1) Rachat du droit de *garde* ou *gueyte*.

de les forcer tous à cuire leur pain au four du seigneur, et de faire détruire et *annihiler* les fours nouvellement construits, sous peine d'une amende de 25 livres s'il ne le fait pas, amende dont il sera débité chaque année.

Ferme du *battoir* et du *moulin* de la Balme, 2 florins ; — de la cléricature de la curie *(greffe)* à Nicod de Lommay, notaire, 20 florins.

Bois de la montagne de Mandallaz, rien. Enjoint à Antoine Excoffier, *forestier* de cette forêt, de mettre en vente la coupe *(tonduta)*, à raison de 5 florins p.p. la *pose* (35 ares) de gros bois ; enjoint au même de révéler chaque année, avant Noël, les ventes [qu'il a] faites, de révéler les bans (délits) qu'il connaîtra, d'exercer exactement ses fonctions de forestier, mais sans opprimer personne ; — de percevoir aussi les poules des redevances et de les remettre au châtelain.

Toises des maisons et granges ? *domorum et casalium* (1), à 2 den. 1 ob. la toise, 35 sols 2 den. 1 ob.

A Aoste, en 1304, l'on payait, outre l'impôt des *toises*, celui de *fenestrage*, origine de notre impôt des portes et fenêtres.

Gardes perpétuelles, 2 liv. 11 s. 5 den., 1 ob. et 1 poyse (demi-obole).

Suffertes et reconnaissances d'hommages, 16 sols, 2 deniers.

Laudes et ventes, reçu 14 fl., 10 den., entre autres 2 fl. 8 d. pour la vente de 3 journaux de terres au prix

---

(1) Cet impôt avait eu pour résultat de modifier l'architecture de beaucoup de maisons ; on diminuait les façades et l'on augmentait la profondeur.

de 16 florins ; et 3 florins 10 deniers pour un échange estimé 20 florins.

Bans concordés en présence du juge : Robert de la Bâtie paye un florin pour avoir dit « *brolions* », brouillon?, à Jean de Rippes, et l'avoir cité témérairement devant le juge ; — un autre, 10 den. pour avoir frappé violemment d'un bâton.

Vingt-sept délinquants transigent *pro penis spretis* (1).

On indique ici que N. Henri de Grane, autrefois mistral de la Balme, exerçant les fonctions de *vidomne*, *mistral* et *sautier*, a vendu ces trois offices au comte (2).

Ferme de la *Lanche* (3) de Rosselier, 3 florins ; — du *Grand-Pré* (4) de la Maladière, d'une superficie de

---

(1) M. Cibrario, au sujet de ces amendes, s'exprime ainsi : « Outre les amendes pour délits et contraventions, il y en avait d'autres dites *pour ordres non exécutés*. Non seulement les baillis et châtelains, mais les mistraux et autres officiers subalternes, avaient le droit d'accompagner leurs ordres de la menace d'une peine que les transgresseurs de ces ordres encouraient de plein droit : ... *de LX solidis receptis a G.... eo quod noluit obedire pene sibi imposite per familiarem ballivi.* » — (*Delle finanze della monarchia di Savoia*, p. 146.)

(2) L'on se rappelle que sous Amédée VIII, un impôt avait été levé pour le rachat des offices.

Le cumul des trois offices indiqués ci-dessus démontre combien chacun d'eux était devenu peu important.

(3) *Lanche, Lanchis*, pâturage.

(4) Le Grand Pré est à cinq ou six cents mètres au nord de la Balme ; il est actuellement traversé par la route d'Annecy à Frangy et Seyssel.

26 seiterées, 6 florins ; — d'autres prés sont loués à N. Jacques Renguis, etc., pour 40 florins en tout.

Bois de la montagne de Mandallaz, 90 ventes par poses et demi-poses.

Fours à chaux ; il n'y en a pas eu *(de raffurnis qui ibidem fiunt et dequoquuntur).*

Echutes (de excheitis bonorum hominum domini) ; la dernière a été celle des biens de Rolet du Canal ; il n'y en a pas dans l'année du compte.

Mutages ou *plaits.* — Deux deniers de mutage sont dus dans la châtellenie à chaque changement de seigneur et de tenancier, *tenementarii.* Deux ont été comptés en 1474, à l'occasion du *mutage* résultant de la mort, en 1465, de vénérable mémoire le duc Louis, père du seigneur comte Janus.

Clames. — Suivant les franchises, le droit est de 6 deniers gros ; reçu 50 sols ; il y avait donc eu cent citations.

Dépenses.

Dépenses pour la chapelle ; — pour la *destruction des taupes, edarbonatura pratorum* (1) ; le taupier, Pétremand Cheyssier, tuait les taupes, arrangeait le sol des prés et y conduisait les eaux d'arrosage ; — salaire du châtelain, 25 florins ; — versements effectués en argent par le vice-châtelain Jacques Suchet, à Pierre Mistral, conseiller comital, trésorier du Genevois, 390 florins, d'ordre du comte Janus, donné à Annecy, le 3 janvier 1489 et signé par *Novel,* son secrétaire.

Une réduction est faite à raison du blé remis à *Antoine Cabod,* receveur des dépenses de l'hôtel du comte Janus.

(1) La taupe est appelée *zarbon* en patois, et *zarboniret,* les taupinières.

Compte de la Balme de 1491.

Ce compte ressemble beaucoup à celui de 1489 que nous venons d'analyser; nous n'en rapporterons donc que de très courts extraits :

Le recteur de la chapelle du château, Amédée de Langin, qui avait amodié son bénéfice à D. Jean de la Balme, l'afferme le 13 avril 1491 à D. Nicod Vintrod, ou Nintrod, prêtre, par acte du notaire Louis Servel.

On signale que la redevance de *cire* due par un grand nombre de personnes ne sera pas perçue par le châtelain par ce que, suivant acte du notaire Jean Novel du 22 août 1489, le comte Janus, de sa science certaine, *et etiam quia, ut dixit, sic sibi fieri placuit*, a inféodé cette redevance au magnifique seigneur, son conseiller et chambellan principal, *Amédée, baron et seigneur de Viry*, avec les fidélités, hommes, hommages, tailles, servis, revenus, cens, gardes, *panatières* (1), suffertes, avoineries, etc. — Des lettres à ce sujet avaient déjà été données par le comte, à Turin, le 10 septembre 1491, en présence de Jean de Bonvillard, président, Robert Conod, juge-maje du comté de Genevois, Antoine *Aviso* (d'Avise), avocat-fiscal et Jean d'Epagny, maître d'hôtel.

Introges; reçu à ce titre 20 florins des frères Aymon, Nicod, Antoine et Jean Monod, pour les biens de Jean Garin, mort sans héritiers, échus au comte et albergés par lui aux dits Monod.

Laudes et ventes; pour la vente d'une petite terre de teppe *(teppa*, terre inculte) au territoire de Longpré, lieu

---

(1) Les *panatières* rentraient dans les *menaydes* qui, d'ordinaire, étaient des prestations de pains ou autres choses comestibles (Cibrario, *Delle finanze...* page 65).

dit *en les oues*, 8 deniers ; pour un échange à Sublessy (Sillingy), lieu dit *au Clos*, estimé 5 florins, 5 deniers.

A propos de *laudes*, citons ce passage : *de laudis et vendis rerum que venduntur infra franchesias Bastie pro quibus levatur pro qualibet venditione de quolibet emptore et etiam a quolibet venditore una cupa vini ad mensuram Bastie juxta formam et tenorem franchesiarum et libertatum dicte ville Bastie per bone memorie illustrissimum dominum Amedeum, tunc gebennensem comitem, et de quibus in III° computo... mentio fit quod sex cupe pro illa vice computantur pro una summata vini, et in eodem computo quelibet cupa vini ad tres denarios grossos fuit computata.*

Ce passage nous apprend que les franchises de la Bâtie avaient été concédées par le comte Amédée, probablement Amédée II, comte de Genève de 1280 à 1308, et que le laod à payer, dans les limites des franchises, tant par le vendeur que par l'acheteur était d'*une coupe de vin*, d'une valeur en argent de 3 deniers gros.

Le texte indique la capacité de cette coupe en disant que l'on compte six coupes pour une *sommée*; cette mesure contenant 135 litres, l'unité appelée *coupe de vin* aurait été égale à 22 litres et demi. Mais nous pensons que le rédacteur du compte de 1491 a mal lu le *3° compte* auquel il se réfère, compte vieux de deux cents ans, probablement déjà oblitéré, et qu'il aura lu *sex cupas* au lieu de *sexdecim*, 6 au lieu de 16. Les franchises de Rumilly, ainsi que nous l'avons indiqué à la note de la page 39, déclarent formellement que : *cupa sit tanta quod unus equus portet* SEXDECIM *cupas*. Il fallait donc 16 coupes pour former une *charge* ou *sommée*, et la coupe était ainsi de 9 litres. Une autre raison nous porte à croire à l'erreur de lecture, c'est que le prix de la coupe était fixé à 3 deniers; si la sommée n'en avait contenu que 6, le prix de celle-ci n'aurait été que de 18 deniers, soit d'un sol et demi, tandis que si la sommée contient 16 coupes, son prix est beaucoup plus élevé et atteint 4 sols (1).

Cependant les *sommées* étaient parfois plus fortes. C'est ainsi qu'on lit dans les *quatrièmes franchises* de Rumilly, accordées le 8 novembre 1376, par Mathilde de Boulogne et son fils le comte Pierre (2) que la sommée contenait suivant l'usage, soixante-six *ulcei*, ouls? soit *picoti* (3). Le picot est devenu plus tard le *piot*, puis le *pot*, mesure qui contient 2 litres et quart. La sommée de 66 pots était de 148 litres et demi. Et comme pour favoriser la communauté de Rumilly, le prince avait autorisé les syndics à prélever sur *chaque sommée* de vin à vendre, entrant dans la ville, quatre picots au lieu de deux, il voulut faire en même temps une concession aux vendeurs en élevant la contenance de la sommée de 66 picots à 68, *ita quod summata vini que sexaginta sex picotos continet et continere solebat, sexaginta octo de cetero contineat*. Depuis ce moment, la sommée, à Rumilly, a dû contenir 153 litres (4). Plus tard, elle est revenue à 135 litres, soit à trois barils de 45 litres chacun.

La plupart des chemins n'étant que très rarement accessibles aux voitures, le transport des vins se faisait au moyen de chevaux ou de mulets, à l'aide de trois

(1) M. Cibrario évalue le sol, à cette époque, à 1 franc 38 centimes.
(2) *Mém. S. H. de Genève*; XIII, p. 62.
(3) *Ulcei, picoti*, mesures de liquides.
(4) Nous sommes ici bien près de 160 litres, auxquels nous avions évalué la charge d'un cheval à la page 30.

barils placés, un de chaque côté du bât et le troisième au-dessus et au milieu. Les conducteurs étaient appelés *barlatis*, contraction vulgaire de *barrili latores*. Ils avaient une réputation de grands mangeurs et buveurs.

Bans concordés. — Jean Goddet paye 2 florins et 6 deniers comme inculpé, sur la plainte de Jean Morel, d'avoir tenté de connaître charnellement la femme de celui-ci, et, sur poursuite d'office de la curie, d'avoir volé du foin ; — un homme prévenu d'avoir fait contre le seigneur, *contra dominum fecisse*, compose pour 18 deniers ; — un autre paye la grosse somme de trois livres pour s'être approprié une partie d'un chemin public, avoir injurié Jean Mochod, *et eidem atropam ? remorisse* (1).

Bans. — Si l'habitude était de soumettre aux enchères publiques la ferme des offices et des terres du comte, l'on s'en écartait assez souvent. Les habitants faisaient sans doute solliciter un fermage direct auprès du comte ; et, grâce à la protection de quelque familier, ils l'obtenaient facilement. C'est ce que nous voyons dans le bail du 3 septembre 1488, rapporté ci-après, et dans un autre du 21 octobre 1490. Dans ce dernier, le comte loue pour le prix de 44 florins par an : 1° le pré de Maresche ; 2° la grande lanche de la Maladière ; 3° une pièce de *grodelis* ou verger (*grodelis seu viridarii*); 4° les lanches du pré des moulins. L'acte porte qu'à leur sortie les preneurs devront laisser les prés et lanches loués en excellent état d'entretien, ainsi qu'une expertise devra le constater : « *proborum cognoscentium..... extirpatas, appratatas, applanatas et terraliatas* ». Ce

---

(1) *Atropa* — et *grodelis*, verger, ne se trouvent pas dans Ducange.

bail est passé en présence du baron de Viry, de Pierre de Bonvillard, président, Antoine d'Avise, avocat-fiscal, et Jean Magnin, des maîtres des comptes.

En 1490, nous rencontrons *Antoine Cabod*, receveur des dépenses de l'hôtel de Janus de Savoie, *Jean Rengay*, *fourrier* du Comte, et *Jacques Chapuy*, employé aussi de la maison comitale.

Bail de prés a la Balme par Janus de Savoie
3 septembre 1488.

Janus de Sabaudia comes gebennensis, etc. Universis fiat manifestum quod Informati de ann[u]o valore prati nostri dicti *du lanchex* loci Balme etiam cridis super hoc factis, supplicationi dilectorum Gabrielis Beaudi, Henrici Goddeti et Nycodi Pollienis hujusmodi pratum et ipsius prati preyssias (1), pro nobis et nostris, supplicantibus ipsis pro se et suis, accensamus et ad censam tradimus et ad per quatuor annos proximos sive quatuor preyssias, precedentis anni inclusa, sub firma presentis anni septem florenorum p.p. et cujuslibet aliorum trium annorum sive preyssiarum duodecim florenorum p.p. per dictos supplicantes quolibet dictorum annorum persolvendorum in manibus castellani nostri Balme qui inde nobis sive nostris legitime tenebitur computare. Adjecto quod ipsi supplicantes teneantur terrale hujusmodi prati debite curatum manutenere et in fine dictorum trium annorum ipsum terrale (2) curare et curatum reddere quemadmodum fuit factum per Jacobum Darandi, mandantes Castellano Balme ceterisque officiariis ad quos spectabit quod hoc observent, necnon fidelibus consiliariis, magistris et auditoribus computorum nostrorum quod dictum castellanum non compellant ad nobis computandum de preyssiis dicti prati nisi ad rationem predictam pro quolibet anno. Datum Annessiaci die tertia mensis septembris 1488. Per dominum, presentibus, dominis de Bolerii, presidente, Johanne de Gebennis, domino Luglini. (Lullini, de Lullin), Roberto Conodj, judice gebennesij, Petro Mistralis, thesaurario. Redd. lictere portitori. (Le secrétaire) Novellj.

(1) La prise, la récolte; en patois *la preyza*.
(2) En patois *tarré*, le fossé.

Institution d'un chapelain par Janus de Savoie.
janvier 1484.

Tenor institutionis Rectoris cappelle.

Janus de Sabaudia comes gebennensis et baro Foucignaci et Bellifortis, Ugine et Fabricarum et de Gordanis dominus, benedilecto nostro domino Amedeo Langini de Pringie (1) presbytero, gebennensis dyocesis, benevolentiam specialem cum salute. Cum cappela sub vocabulo Beate Marie Virginis in castro nostro Balme fondata et dotata, per simplicem resignationem venerabilis viri dni Petri de Sublusvia *(de Souvie ou Soulavie)* uti procuratoris ven. viri dni Antonii Gappeti canonici lausannensis ultimi cappellani et rectoris eiusdem, nostris in manibus factam, constante... quodam publico instrumento manu Roberti de Noschete, notario sub anno et indictione prima anni currentis et die decima sexta mensis huius januarii... ad presens vacet, cujus jus patronatus... ad nos dignoscitur pertinere. Nolentes tamen cappellam ipsam, ne diminuatur in eadem divinus cultus, subjacere vacationi, quinymo de ydoneo rectore et convenienti providere, informati vero de persona, moribus et industria vestris, hoc ideo vos pium et cum gratiarum actione acceptantem in cappellanum nostrum et rectorem dicte cappelle perpetuum cum juribus, proprietatibus ac pertinentiis eius universis retinemus, illaque que quatenus expedit vobis confirmamus et in eadem instituimus et providemus sub etiam pensione, comoditatibus, honoribus et preheminentiis ac oneribus per alios cappellanos in ipsa

(1) Petite commune à l'ouest d'Annecy, entre cette ville et la Balme.

cappella rectores acthenus percipi et supportari solitis; vos autem propterea nobis corporale prestitetis juramentum, videlicet quod in dicta cappella circa divinum cultum diligenter et devote per vos, seu alium sufficientem et ydoneum quem ad hoc duxeritis eligendum, deservietis, juraque emolumenta et alia bona tam mobilia quam immobilia eiusdem cappelle deffendetis, conservabitis et manutenebitis *(sic)*, aliaque facietis premissis incumbentia; dantes hoc ideo in mandatis castellano Balme et ceteris officiariis fidelibusque et subdictis nostris presentibus et futuris, ipsorum officiariorum locum tenentibus et cuilibet eorumdem quathenus his visis in possessione reali et corporali predictis vobis collate capelle bonorumque mobilium et immobilium ac jurium et pertinentiarum ejusdem, sub debito tamen illorum inventario ad opus nostri et nostrorum conficiendo, ponant et inducant ac inductum manuteneant et tuheantur, pensionemque predictam annuant, solvant; etc. — Datas gebennis die ultima predicti mensis januarii anno dni 1484, a nativitate sumpto. *Signé* : JANUS. Per dominum, presentibus domino Amedeo di Viriaco, domino Rotulli, Glaudio de Menthone, domino Rupisfortis, Petro Jaqueminis ? Petro Mistralis, thesaurario, Guillermo du Crest.

De nombreux renseignements sur les redevances féodales dans nos contrées sont disséminés dans les diverses publications des sociétés savantes de la Savoie et de la Suisse. Le lecteur en trouvera des études d'ensemble dans les ouvrages suivants :

Introduction du tome XIII des *Mémoires de la Société d'histoire et d'archéologie de Genève*.

Léon Ménabréa, *Histoire municipale de Chambéry* (aux chapitres parus).

Louis Cibrario, *Economia politica del Medio Evo* (ce beau livre a été traduit en français par M. *Humbert Ferrand*. Paris et Belley, Pézieux, 1843, et par M. *Barneaud*, Paris, Guillaumin, 1859.

Cibrario, *Delle Finanze della Monarchia di Savoia ne' secoli XIII, XIV e XV ; discorsi tre*. Turin, Botta 1860, et Mémoires de l'Académie de Turin, tome XXXVI.

Dans cet ouvrage, l'auteur a résumé rapidement, mais avec méthode, les comptes des baillis, des châtelains et des trésoriers généraux de Savoie, Genevois et Piémont, du XIIIe au XVe siècle. C'est un modèle de précision et d'exactitude ; un tableau accompli des ressources à l'aide desquelles la souveraineté s'exerçait, et des moyens aussi ingénieux que multiples employés pour se les procurer.

Que n'avons-nous le loisir de traduire cette œuvre en français. Le travail devrait bien tenter un plus jeune que nous.

RUINES

La Batie, la Balme, Darmaz, Chaumont et Clermont

Avant de clore ces notes sur les comptes des châtelains, nous avons voulu parcourir le territoire où ces officiers ont exercé leur juridiction, et voir de nos yeux ce qu'il restait des orgueilleux châteaux, habités parfois, visités souvent, par les souverains du pays. Partout nous avons trouvé d'excellentes routes, une population douce, affable et laborieuse, de beaux champs, de gras pâturages, un bien-être qui serait complet si les coteaux étaient encore chargés de grappes blanches ou noires, si Musiège et Frangy produisaient encore leur vins renommés (1).

Les châteaux, élevés au sommet des rochers, ne portent plus que des pans de murs ébréchés, et, dans peu d'hivers, il n'en restera plus de traces ; dans les plaines, ou les lieux facilement accessibles, les demeures des petits gentilshommes abritent les familles des cultivateurs. Les riches d'aujourd'hui ont d'autres exigences que les sei-

---

(1) On trouvera dans *Bois et Vallons* de Jacques Replat, une description pittoresque, avec des récits pleins d'humour, des diverses vallées du Genevois ; et, sur les anciennes seigneuries, d'abondants renseignements dans le grand ouvrage posthume de Léon Ménabréa : *des Origines féodales dans les Alpes occidentales.*

gneurs d'autrefois, et leurs villas offrent des raffinements que le rude écuyer n'a jamais soupçonnés.

Autres temps, autres mœurs. Au moyen âge, à l'époque du développement des franchises, le taillable était certainement malheureux, mais, pour autant, ses maitres ne vivaient pas dans le luxe et l'abondance. Si l'on excepte quelques rares grands seigneurs, vraiment riches, la vie pour tous était étroite. Comme de nos jours il fallait lutter et, souvent, le fort écrasait le faible. Le combat, toutefois, était plutôt des nobles, des forts, les uns contre les autres. Le bourgeois, protégé par ses franchises, à l'abri derrière les murailles du bourg ou de la cité, n'avait pas grand'-chose à redouter ; le paysan, lui, était trop pauvre pour qu'on lui demandât beaucoup, et sa vie misérable était du moins tranquille. Nos annales ne rapportent aucun fait extraordinaire d'oppression locale, et l'on peut dire qu'en dehors du passage des routiers et des invasions bernoises, dans le Nord de la Savoie, nos villes et nos campagnes ont pu vivre selon leur temps et suivant les mœurs (1).

Le progrès a suivi sa marche, lente d'abord, puis vive et rapide, et a presque renversé les situations. Quelques descendants des seigneurs d'autrefois

(1) Nous devons rappeler, toutefois, qu'à chaque instant, M. Cibrario signale l'oppression du menu peuple par les seigneurs et leurs officiers.

sont de pauvres hères, le plus grand nombre des fils des taillables a, depuis un siècle, ses terres et son foyer libres ; ce sont eux qui chassent, beaucoup sont riches, tous reçoivent l'instruction, et les mêmes lois régissent tous les citoyens.

Si les impôts sont élevés, ils le sont beaucoup moins qu'au moyen âge et le développement de l'industrie et de l'agriculture, la facilité des communications permettent de les payer. Puis, différence essentielle, l'impôt, à peine perçu, se répand en manne féconde sur le pays, car c'est à lui que sont dus les chemins et les routes ordinaires, les canaux, les chemins de fer et les télégraphes, les maisons d'école, les lycées, les mairies, etc., l'entretien de la force publique, de l'armée et de la marine, qui assurent la tranquillité intérieure, la sécurité des frontières et développent sur toute la surface du globe le commerce et l'influence de la nation.

La Bâtie, comme les autres nombreuses localités qui portent ce nom, le devait à l'existence d'une construction fortifiée, de dimensions assez considérables. Le château s'y élevait sur un plateau isolé naturellement de trois côtés, et, au sud, par un fossé artificiel. Le plateau, à cinquante mètres environ au-dessus du niveau inférieur de la vallée, ne dépassait pas celui des terres du sud-ouest à l'ouest-nord ; cependant, placé dans l'axe de l'étroite vallée s'étendant au nord, de celle plus large allant au sud vers Annecy, et dominant les routes qui les desservaient, c'était un point qui pouvait être facilement protégé. Sa longueur du sud au nord est d'environ 200 mètres ; sa largeur, du levant au couchant, de 70 mètres. Un mur épais courait autour de ses bords, flanqué sans doute de tours aux angles. Le terrain a été totalement nivelé par les cultures ; les pierres ont servi à la construction d'une ferme importante et de deux ou trois autres maisons de petits cultivateurs. Seuls, des pans découronnés du mur d'enceinte se voient encore au nord et au levant. M. Ducis, le savant archiviste du département de la Haute-Savoie, nous a dit y avoir trouvé, il y a quelque vingt ans, d'anciens boulets de pierre lancés par les catapultes du moyen âge. Aujourd'hui tout débris a disparu.

Le château de la Balme était placé presque en face de la Bâtie, à 500 mètres plus au sud. Il s'élevait à 15 mètres au-dessus du *nant* ou ruisseau faisant mouvoir les moulins et battoirs, sur un tertre, au pied occidental de la montagne de Mandallaz. Ses dimensions paraissent avoir été assez modestes : elles atteignaient à peine le quart de celles de la Bâtie. Il n'en reste non plus que des morceaux de murs qui disparaîtront bientôt, car les ruines et le rocher sont devenus une carrière de pierres où chacun semble pouvoir se servir librement.

La Bâtie et la Balme sont, au maximum, à 490 mètres d'altitude.

Au nord de la Balme, en face de la Bâtie, se trouvait le château de *Darmaz* (1), beaucoup moins important, mais qui, pour cette raison, a presque survécu.

Au seizième et au dix-septième siècles ce dut être une agréable gentilhommière. L'on retrouve, au rez-de-chaussée, la vaste cuisine et l'énorme cheminée sous laquelle, auprès du tronc brûlant au foyer, les chasseurs séchaient leurs guêtres, racontant à la châtelaine comment et à quels coins ils avaient abattu les lièvres et les levrauts que le piqueur étalait sur la table de chêne.. Au centre du manteau cintré de la cheminée est l'écusson du maître, noirci par la fumée de trois cents hivers. C'est un *chevron* entouré de deux baguettes entrelacées largement de façon à laisser, à chaque croisement, un vide où le doigt peut entrer; aux quatre coins de cette espèce de couronne est un *motif* qui a pu représenter une tête d'animal.

Dans une chambre du premier étage l'on voit une autre cheminée, moins grande, mais dont le manteau, cintré aussi, a plus de trois mètres d'ouverture. Au centre est un écusson mi-parti, avec le *chevron* à gauche, et un *lion*, peut-être, à droite.

Les écussons sont prodigués à Darmaz, car on en

---

(1) Aujourd'hui *Dalmaz*.

trouve un troisième indiquant une autre alliance : à gauche deux *fasces*, ou *bandes* crénelées ou *breteschées*, superposées horizontalement; à droite *un lion* debout tourné vers la gauche. Ces trois écussons sont sculptés sur le grès tendre, appelé *molasse* dans le pays. Un quatrième plus grand (0,80 de haut sur 0,60 de large, environ), sculpté dans une pierre de taille d'un blanc jaune a été placé, vers le milieu du dix-septième siècle, semble-t-il, au-dessus de la porte d'entrée du castel.

Cette pièce, d'un travail très soigné, porte à droite *une fasce crénelée* horizontale, à gauche *un chevron;* au-dessus de la ligne séparant les deux écus, un cimier surmonté d'un *lion? issant*. Le double écu est accoté de lions dont la tête est tournée vers l'intérieur; des panaches bien sculptés se déploient à gauche et à droite du cimier (1).

Ce petit château aurait pu être restauré facilement, et faire encore bonne figure, avec sa terrasse au sud dominant la vallée. Malheureusement il a été divisé entre trois familles de cultivateurs

---

(1) La famille de Dalmaz portait *de gueules au chevron d'argent*. Elle a écartelé de *Marchand* qui est *d'argent au chef bandé d'hermines et de gueules* (comte A. de Foras, *Armorial et Nobiliaire de Savoie*, II, p. 256). Les écussons que nous avons décrits ne portent pas l'alliance *Marchand*. C'est peut-être celle des *d'Angeville; de sinople à deux fasces ondées*, dont le sculpteur aura mal interprété les *ondes*.

7

qui l'ont entouré de vastes granges et remises. L'odeur aigre du laitage s'y mêle à celle, pire encore, d'une porcherie. L'on nous montre avec fierté la vieille cave remplie d'énormes fromages ; il y en a pour beaucoup d'argent, mais l'on peut regretter les tonneaux du temps jadis.

Nous redescendons sur la route départementale qui, suivant le cours des eaux, conduit d'Annecy à Frangy et à Seyssel sans pentes sensibles. Nous laissons à droite le château de Choisy, et, arrivés au bord des Petites-Usses, celui de Sallenove, converti en ferme et tout branlant ; plus loin, le château de Marlioz, assez bien restauré.

Poursuivant notre route, nous passons tout près de la première abbaye de Bonlieu (1).

De Frangy, bourg nouveau, sans aucun caractère, nous nous rendons à Chaumont, suivant assez longtemps l'ancienne route de Rumilly à Genève, montant toujours, les yeux sur les hauts pans de murs qui couronnent le gros roc où le château des comtes de Genevois avait été construit. Le chemin est d'ailleurs excellent.

Le petit bourg, enserré dans une gorge extrêmement étroite entre l'extrémité sud du Mont-Vuache et les hauts rochers du château, compte

(1) Cette petite abbaye de Cisterciennes, fondée vers 1160, a été transférée à Annecy à la fin du xvi° siècle. Voir notre *Histoire des abbayes de Sainte-Catherine et de Bonlieu*, p. 219 et s.

un certain nombre de vieilles maisons, habitations des anciens curiaux, mistraux et notaires. L'église est fort intéressante, du moins dans sa partie ancienne. On voit, au levant, une haute porte murée se terminant en une ogive hardie et élégante.

A l'intérieur, la voûte est soutenue par quatre arceaux se croisant et finissant (au bas de la voûte) par des têtes grotesques. Il y a près de quarante ans, l'on a accolé à ce chœur gothique (1) une construction de style néo-grec, comprenant deux chapelles, à droite et à gauche de la nef qui continue le chœur au couchant. Heureusement, le vieux clocher est resté, et sa petite porte est demeurée intacte. Elle est étroite et surmontée d'un arceau à plein cintre, d'un fort relief, sous lequel règne une guirlande de feuilles et de fruits; au centre de l'arc est une croix dont chaque bras se termine par un ornement trilobé. L'arceau était supporté par deux colonnettes sur socle, engagées dans la pierre; elles ont disparu, usées par les chocs et le frottement des siècles.

Chaumont est à 635 mètres d'altitude. Le roc chauve *(Calvus mons)* qui lui a donné son nom, et au sommet duquel est le château, domine le village de cinquante mètres, et de deux cents,

---

(1) Il semble que ce qui forme aujourd'hui le chœur était autrefois une partie de nef et que la porte murée, suspendue à un mètre et demi du sol d'une ruelle de création récente, était une porte intérieure. Dans ses *Etudes sur les Eglises de Savoie*, M. le chanoine Poncet donne cette ouverture comme une fenêtre.

la vallée inférieure au midi. On arrive au château par un chemin s'élevant le long du flanc occidental, assez large pour laisser passer deux cavaliers marchant de front. Il amenait, semble-t-il, à deux portes pratiquées dans la muraille du couchant et conduisant, la première, dans la seconde enceinte et la cour d'honneur, la seconde dans de vastes cours d'où la roche vive émerge çà et là à travers les herbes. La dépression qu'on remarque à la partie sud du petit plateau provient sans doute de ce que les pierres qui ont servi à la construction ont été extraites sur place.

Le sommet du piton occupé par le château a une superficie, y compris les cours, de près de 10,000 mètres (110 mètres de longueur du nord au midi sur une largeur moyenne de 90 mètres).

Outre la muraille qui fait le tour du plateau tout entier, il y avait une seconde enceinte que notre compagnon a reconnue aisément (1). Elle renfermait la cour d'honneur avec le puits-citerne alimenté par les eaux pluviales et dont le large orifice est encore béant. Peut-être existait-il une troisième enceinte protégeant, à la façon des châteaux italiens de l'époque, la *rocca*, dernier refuge des défenseurs. Tout à fait surplombant le bourg et formant un angle au nord-ouest, comme pour commander jusqu'à la fin le chemin d'accès, surgissait une haute tour, dont les murs, épais de

(1) M. le capitaine P.-J. Roux, du 75e régiment d'infanterie.

deux mètres en sortant du rocher, s'élèvent encore à douze ou quinze mètres.

Du haut du donjon, la vue devait être merveilleuse ; elle l'est aussi du pied de ses murailles. Au levant, le Mont-Blanc brille au soleil avec les pics qui se succèdent vers la Suisse ; au sud, tout au fond, les glaciers de Beaufort et de la Tarentaise ; plus rapprochés, derrière Chambéry, le Mont-Granier et le Signal de Lépine ; plus près encore, par-dessus Annecy, la Tournette, le Charvin ; au couchant, les hautes collines qui séparent Frangy de Seyssel et du Rhône, et, par-delà, le Colombier et le Jura. A ses pieds, au fond de la vallée, la route de Genève avec le *Mapas* (le mauvais pas) et ses lacets si longtemps maudits des voituriers ; partout les petites vallées et les collines avec leurs pâturages verts. Droit au nord, cependant, la vue est masquée par l'évasement terminant l'étroite arête du Vuache.

Ainsi placé, Chaumont dut longtemps être maître de l'une des principales routes conduisant de la partie méridionale du Genevois à Genève, la ville importante du pays, que les Comtes disputèrent sans succès à ses évêques, mais dont les ducs de Savoie furent les seigneurs presque incontestés, du milieu du XIV° siècle jusqu'à la Réforme. Lorsque la route fut déplacée, que d'autres furent construites, les voyageurs ne furent plus obligés de traverser l'étroit défilé ; le château perdit alors les revenus de ses péages en même temps que son importance militaire (1).

Non loin de Chaumont, au midi, sur un pic de grès, dominant aussi la vallée, s'élevait, au moyen âge, le château de Clermont *(clarus mons)*. Il fut également la résidence des comtes de Genevois, et comme ceux de la Balme et de Chaumont, plus tôt même, il a disparu. L'on ne voit plus maintenant que les fondations du donjon (2).....
Mais ne poussons pas plus loin cette énumération des ruines du moyen âge dont, avec le poëte, on peut dire qu'elles aussi ont péri : *Et etiam periere ruinæ.*

(1) Chaumont est cependant encore un point stratégique de quelque importance. On lit en effet dans l'ouvrage de notre éminent compatriote M. le général Borson, *Étude sur la Frontière du Sud-Est* (Paris, Dumaine, 1870). « La plus importante de ces lignes, au point de vue de la défense, est celle du Fier.... On trouve aussi à l'intersection des cours d'eau et à certains points de rencontre de bonnes positions d'arrière-garde. Tels sont les ponts d'Alby, de Brogny et de la Caille, les hauteurs de Chaumont au dessus de Frangy et faisant face à la Savoie. »

(2) Voir *Répertoire de titres et documents relatifs au comté de Genevois*, p. 46 et suiv. Dans la seconde moitié du XVIᵉ siècle, l'évêque de Bagneray, Galois de Regard, construisit au-dessous de l'ancien château, et en grande partie avec ses matériaux, une habitation à la mode italienne, précédée d'une vaste cour entourée elle-même d'un élégant portique aux arcades superposées. A son tour, le nouveau château s'effondre et cinquante ou cent années l'auront renversé.

TABLE DES MATIÈRES

Première partie.

	Pages.
Notice sur les trois manuscrits	2
Redevances et servis féodaux	1
Les amendes concordées et les amendes prononcées par jugement	5
Compte de la Balme	6
Mathilde de Boulogne, comtesse de Genevois et ses fils, ses familiers, ses chapelains	7
Le château de la Balme ; incendie de 1370	8
Prix des journées d'artisans et de divers matériaux	9
Crimes, délits et contraventions	10
Les châtellenies de Saint-Genis et de Cordon	14
Revenus divers	14
Les trésoriers généraux de Savoie	15
Les châtelains de Saint-Genis	16
Les prénoms d'hommes et de femmes	17
Châtellenie de Seyssel	19
Vols de grand chemin ; sursis au recouvrement des condamnations	20
Pierre de Monchion, receveur des régales (*Regichiarum*)	20
Réparation au château de Seyssel vers 1408	20

Deuxième partie.

Copie ou analyse du compte de Jacquemet de Chèdes, châtelain de la Balme	22
Charte de confirmation et d'augmentation de don à la chapelle du château de la Balme (1367)	42
Copie ou analyse du compte de la châtellenie de Saint-Genis et Cordon	45

Injures et jurons divers	49
Mobilier d'un paysan	53
Extrait du compte de la châtellenie de Seyssel	57
Pierre de Monchion, receveur des Régales	58

Troisième partie.

Notice sur les franchises de Chaumont en Genevois	60
Le manuscrit du compte	66
Le mandement de Chaumont	66
Les châtelains et vice-châtelains	67
Analyse du compte de la châtellenie de Chaumont	69
Droit de Reyde	75
Prénoms de femmes à Chaumont	76

Quatrième partie.

Compte de la châtellenie de la Bâtie pour 1488 et 1491	77
Châtelain et vice-châtelain	77
Recteurs de la chapelle	78
Recettes diverses	79
Devoirs du *forestier*	80
Les peines méprisées *(pene sprete)*	81
Dépenses	82
Compte de 1491	83
Notice sur la *coupe de vin*	84
Bail d'un pré en 1488	88
Institution d'un recteur de la chapelle du château	89
Ouvrages traitant des redevances féodales en Savoie	91

Ruines.

Etat actuel des châteaux	92
La Bâtie	94
La Balme	95
Château de Dalmaz	96
Bourg de Chaumont, l'église, le château	96
Château de Clermont	102

www.ingramcontent.com/pod-product-compliance
Lightning Source LLC
Chambersburg PA
CBHW070249100426
42743CB00011B/2200